未承認国家に行ってきた

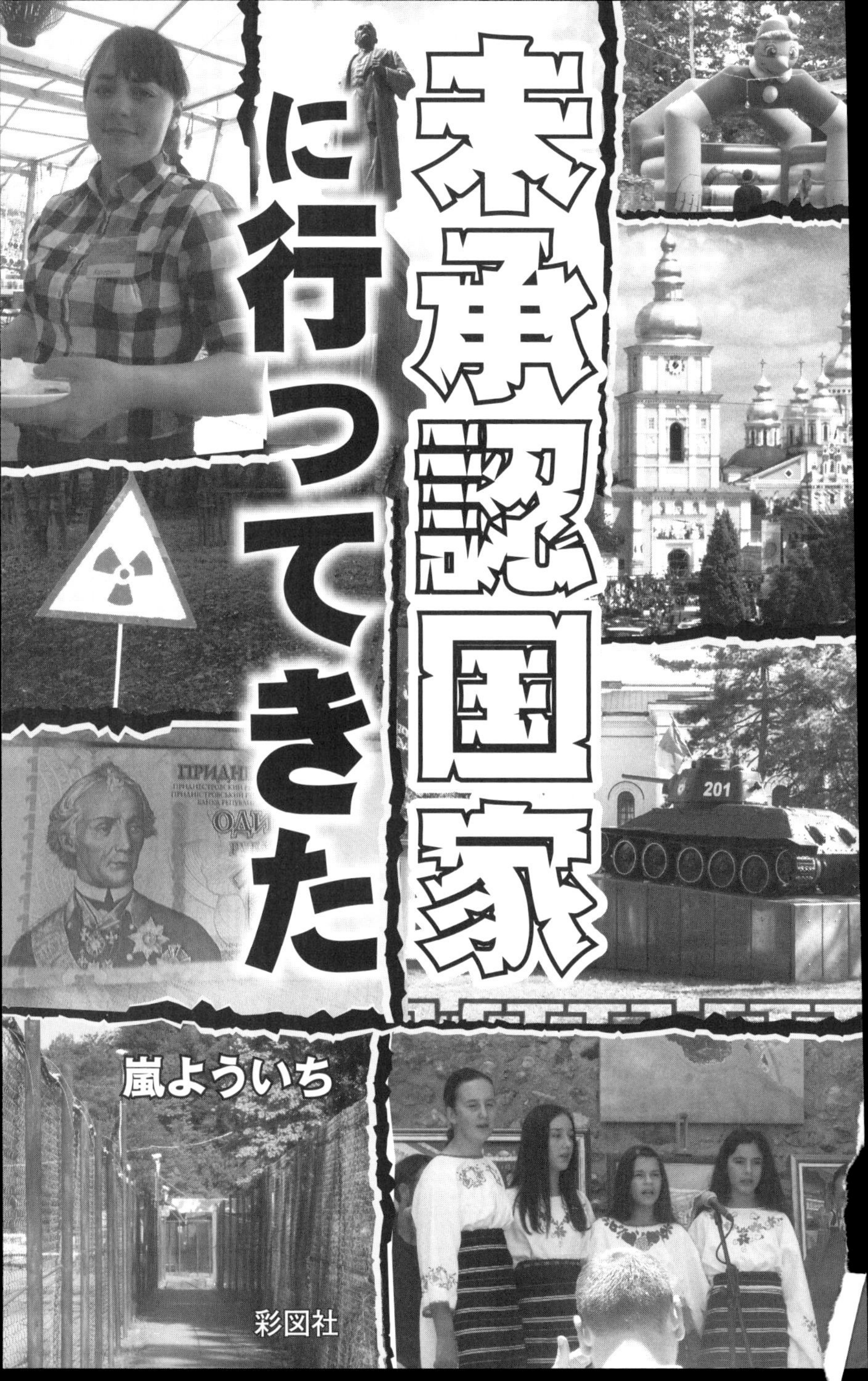

嵐よういち

彩図社

はじめに

「国家」の定義とは一体なんだろうか。手元にある新明解国語辞典で調べてみると、
『一定の領土に住み独立の統治組織を持つ人民の社会集団』
と書かれている。俺がよく使っている goo 国語辞書にはこうある。

1　くに。
2　一定の領土とそこに居住する人々からなり、統治組織をもつ政治的共同体。または、その組織・制度。主権・領土・人民がその3要素とされる。

つまり、一定の領土があって、そこに人が住み、統治組織を持っていることが最低条件にあり、更にここが重要なのだが、国連及び世界中の国から承認されれば、それが「主権国家」なのである。

現在、国連に加盟している国は193ヵ国。国連に加盟していない国もあるので現在、世界に○○ヵ国あるとはっきりいうことは難しい。ちなみに日本が承認している国は195ヵ

国で、それに日本を加えて196ヵ国になる。

日本が主権国家と認めていない国の中に北朝鮮があるが、北朝鮮は国連に加盟していて164ヵ国と国交がある。また、旅行先として人気の高い台湾の正式名称は「中華民国」だが、これも日本では中国の一部という位置づけになっている。台湾はどこにでもある独立国と変わらないが、中国との関係を配慮して日本を含めてほとんどの国が承認しておらず、わずか22ヵ国にしか認められていない『未承認国家』なのである。

この『未承認国家』という言葉を耳にしたことがあるだろうか？

これらの国は、どこの国にも承認されていないか、されていても、ごく一部の国にだけである。また、未承認国家同士で承認しあっている場合もあり、仮にAという〝国〟が主権国家と自ら宣言したとしても、国際的な国家承認を得られているとはいえない。

未承認国家は歴史的にいくつも登場して消えていったが、我々の身近な場所にもあったのだ。それは、現在の中国の東北地方にあった『満州国』（1932～45年）である。もちろん日本は承認していたが、当時の国連加盟国の半数以上は認めなかった。

はたして現在の未承認国家はどうなっているのだろうか。クリミア共和国や沿ドニエストル共和国と聞いても、まったくイメージが湧かないし、調べても情報は少ない。だが、そこに住む人たちはどのように暮らし、国はどうなっているのか、興味は尽きない。そんな旅行記があったらいいなと担当編集者のMと話していると「それ、面白そうですね。次の企画はそれに決めましょう」という流れになった。

このMというのは過去の俺の本に何度も登場するが、突発的に俺を世界の危険な場所や、ほとんど観光客がいない場所に送り込み、レポートを書かせようとする厄介な男である。しかし、今回はこの男も「なにが起こるかわからないし、情報も乏しいので気をつけてくださいね」なんて優しい言葉をかけてくる。逆にこんな気づかいをされると気持ち悪いものだ。

今回の旅で訪れる未承認国家はMと協議の末、5ヵ国にした。

●ロシアが侵攻し、ロシア連邦に編入された『クリミア共和国』
●モルドバにある謎の国家『沿ドニエストル・モルドバ共和国』
●ジョージアと紛争が絶えない、ほとんどの人が知らないであろう『アブハジア共和国』
●ユーゴスラビア内戦から誕生した『コソボ共和国』
●壁や鉄条網で南側と分断されている『北キプロス・トルコ共和国』

俺自身、とにかく行かなければわからない国ばかりで想像がつかないのである。

これらがどんな国なのか、楽しみにしてほしい。

今回訪れた未承認国家

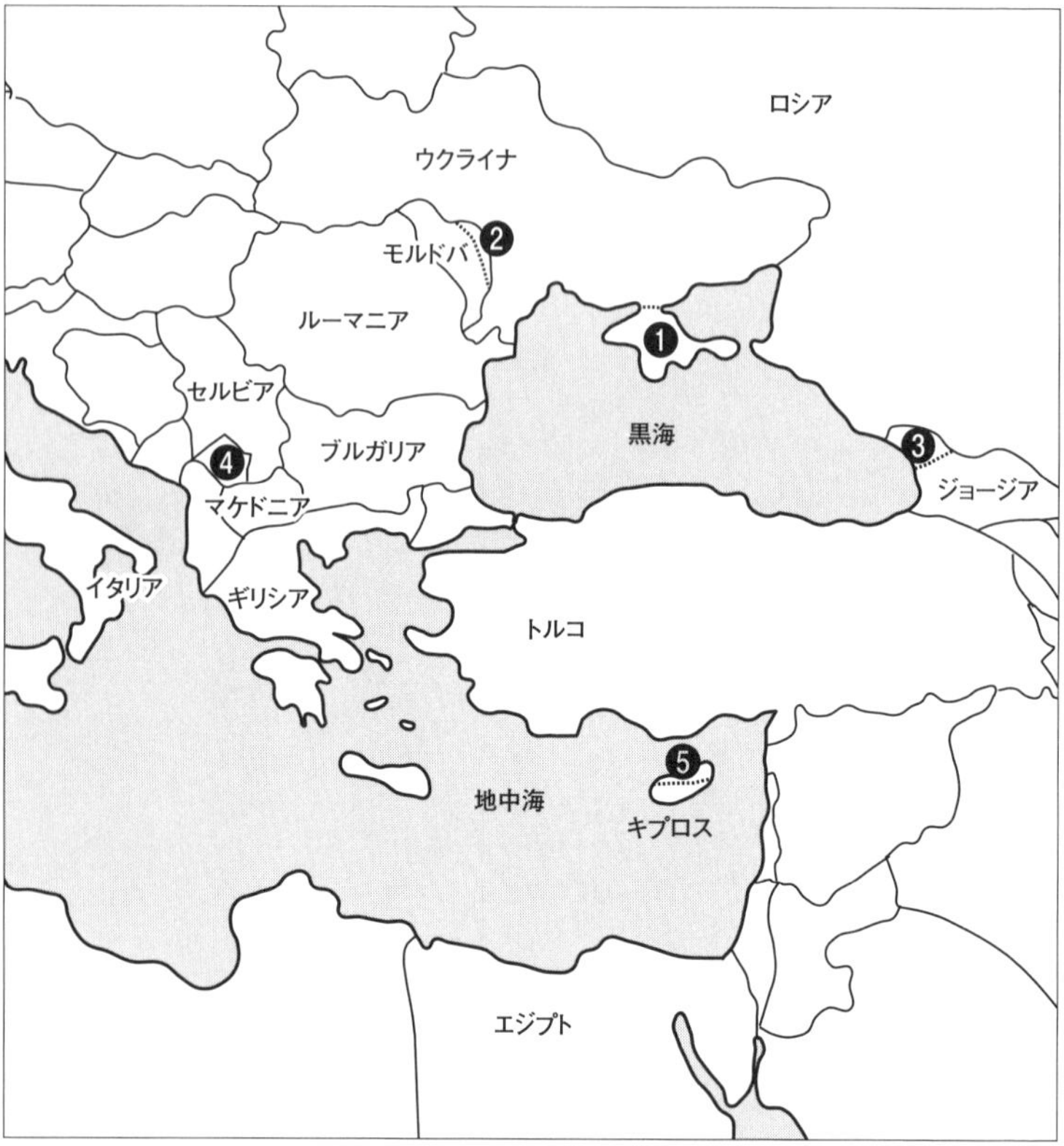

❶クリミア共和国

❷沿ドニエストル・モルドバ共和国

❸アブハジア共和国

❹コソボ共和国

❺北キプロス・トルコ共和国

未承認国家に行ってきた　目次

はじめに …… 3

第1章 『クリミア共和国』

激動のロシア編入

旅の始まり …… 14
乗り継ぎに間に合わない …… 16
肥沃の大地 …… 20
怪しいタクシー …… 22
クリミアの暗い夜道 …… 26
首都シンフェロポリを歩く …… 31
ヤルタに移動 …… 36
ヤルタの街は坂だらけ …… 39
ここでヤルタ会談が行われた …… 43
条約違反ばかりのロシア …… 45
グッバイ、クリミア …… 48

第2章

謎の未承認国家『沿ドニエストル・モルドバ共和国』

沿ドニエストルってなんだ？……52
モルドバに到着……53
ソ連の雰囲気が残るキシナウ……57
いざ、沿ドニエストル……61
ドキドキの国境越え……62
沿ドニエストルの成立過程……66
諜報員か？……69
野犬が多い街……71
首都ティラスポリの街並み……74
変な白人がいた……77
沿ドニエストルの今後……79

第3章 失われた街を行く
『チェルノブイリ・ツアー』

チェルノブイリに行きたい……84
チェルノブイリ・ツアー……86
気合の脱出……88
ツアー開始……91
廃墟を歩く……93
プリピャチの街……95
冷戦時代のレーダー基地……98
チェルノブイリ原子力発電所……100
無人の団地……101

第4章 ほとんどの日本人が知らない
『アブハジア共和国』

警察権の及ばないアブハジア……106
アブハジアの入国許可書……107
アブハジアへGO……111

スフミの宿でトラブル……120
面倒なビザ……126
廃墟の街と優しい人々……131
スフミの観光地……134
ジープの男……139
チリチリと爆弾……140
足が痛い最終日……148
大変な出国……150

第5章 『111ヵ国が承認する コソボ共和国』

コソボは危険なのか？……154
仕事のない国……156
首都プリシュティナを歩く……159
アメリカとコソボ……163
市場で喧嘩……167
民族自決……169

優しいコソボの人々 172
コソボとアルバニアの関係 175

第6章 『北キプロス・トルコ共和国』
北と南で何が違うのか

緩衝地帯『グリーン・ライン』 178
入国はラルナカ空港 179
北キプロスに向かって 182
いざ、入国 185
北と南、両国の過去 191
リゾート地ギルネ 198
キプロス人の日本語 201

おわりに 205

第1章
激動のロシア編入
『クリミア共和国』

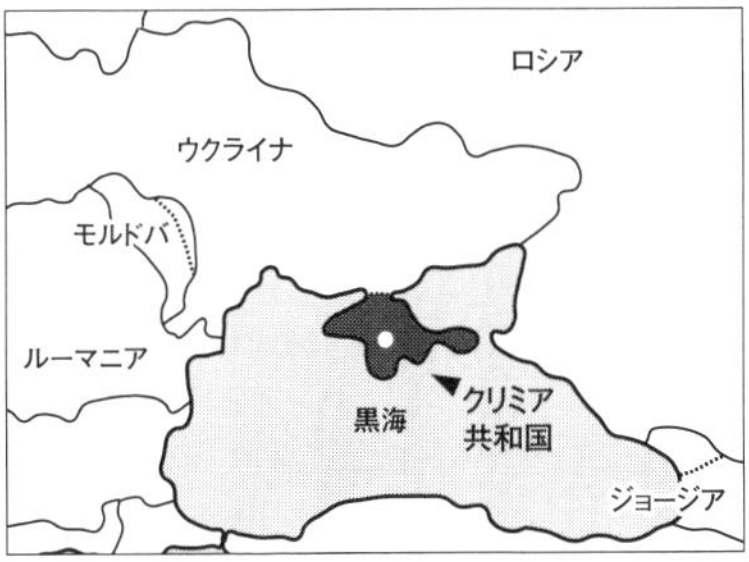

面積：26,200km^2
人口：約196.7万人（2013年）
首都：シンフェロポリ（※◯の場所）
通貨：ロシア・ルーブル
クリミア共和国のロシア連邦編入を承認している国：ロシア、アフガニスタン、キューバ、ニカラグア、北朝鮮、シリア、ベネズエラ

旅の始まり

どうして旅の初日からこんな目に遭わないといけないんだ！

クリミア共和国の首都、シンフェロポリに到着した俺はホテルのベッドの中に入った。だが、空腹と孤独で泣きそうだ。

食事をする金がないし、ネットもなぜか繋がらないので、ひたすら不安と孤独が襲ってくる。かつて、こんな惨めな旅の始まりはあっただろうか。

２０１４年にウクライナ領だったクリミアをロシアが編入してから2年以上が経過した。編入した当初は日本でもテレビやマスコミがさかんにこのニュースを取り上げていたが、現在はわずかに扱われるだけである。情報があまり入ってこなくなったので、今、クリミアはどうなっているのかとても気になるところだ。

また、ロシアに編入されてからクリミアを訪れた欧米や日本の旅行者の情報が伝わってこない。旅人が避けるのは仕方ないと思うし、そもそも外国人が入国するのは不可能なのだろう。こうも国内のことがわからないと、余計に知りたくなってしまう性分の俺はどうにかして入国したいと思っていた。

だが、クリミアには現在も小さな紛争などがあり入国できないだろう。よって、クリミアは今回の本のテーマには合うが、ダメだと判断して他の国を模索しているところに担当編集者のＭから電話がかかってきた。

「嵐さん、クリミアに行ってください。僕、興味あります」

自分が興味あるからと俺を派遣しようとする姿勢は昔から変わっていない。

「いや、行きたいんですけど、たぶん外国人は入国不可能ですよ」

「しっかり調べましたか？　ビザさえ取れれば入国できるようですよ」

なんだと！　通話を終えて調べてみると、クリミア紛争の後しばらくは入国不可だったようだが、治安が安定した現在はロシアのビザさえ取得すれば問題なく入国できるとのことだった。

行けるじゃないか！　俺はＭに電話をした。

「それは良かったですね。では、今回の旅はクリミアからスタートしてください。あとは嵐さんに任せますのでよろしくお願いします。日本政府はクリミアを国家承認していないのでトラブルに巻き込まれると危険です。くれぐれも注意してくださいね」

奴は一方的にそれだけ言って、電話を切った。

あいかわらずの対応だが、俺のテンションは自然と上がってくる。俺が行って、どんな国かレポートしてこよう。国は平和なのか、観光客はどれくらいいるのか、ロシア人が威張っているのか、どんな人たちが住んでいるのか、知りたいことばかりである。

乗り継ぎに間に合わない

クリミア共和国に入国するためには、実効支配しているロシアのビザが必要だ。俺は世界中を旅しているが、実はロシアには行ったことがなかった。ビザを取るのが面倒くさく、旅の日程なども事前に決めて提出しないといけないと聞いていたからだ。

情報収集をすると、ビザは旅行会社に頼むのが簡単そうだ。まず、旅行会社のサイトにアクセスし、旅行日程や必要事項を記入する。この際、Eチケットのコピーやホテルのバウチャーなどは必要ない。旅行会社から確認のメールがきたら郵便局から写真とパスポートを送る。その足で銀行に行き、手数料7500円を振り込む。このような手続きをすれば、約2週間後にはビザが取れるのだ。旅行会社の人もとても親切で丁寧なのでお勧めする。

2016年5月、俺は成田空港にいた。

空港のアエロフロートのカウンターでチェックインする際、俺は心配していることを係員に尋ねてみた。モスクワの空港で入国審査をし、国内線に乗り換えて、クリミア共和国の首都のシンフェロポリまで行かないといけないのだが、トランジット時間が1時間10分しかないのである。飛行機は通常遅れるもので、しかもロシアの航空会社が信用ならないのは旅行者の間では常識だ。入国審査も時間がかかりそうなので、対策を係員に聞くと渋い顔で返答があった。

「難しいかもしれませんね。でも、その便に乗れなくても他のシンフェロポリ行きの便に替えれば問題ないですよ」

「飛行機は待ってくれないのでしょうか？」

「20人ほど乗り継ぎの人がいればいいのですが、はっきり言って、行く人はお客さんだけだと思いますよ」

こんな時期に日本から行く人なんてよほどの変わり者と思われているのだろう。なぜ、そんなトランジット時間の短いフライトを選んだかというと、一番安かったからである。今回の旅は予算が乏しく、少しでも節約したかったのだ。

モスクワ行きの搭乗口で、俺は早くも不安であった。これから行くクリミアのこともそうだが、乗り継ぎがうまくいくのだろうかと悪いことばかり考えてしまう。

不安な気持ちを引きずったまま、飛行機に乗り込んだ。アエロフロートに乗るのは初めてだったが、フライトアテンダントは丁寧だし、サービスもよく、食事も美味しかった。世界の航空会社に詳しい友人によると、日本を発着する便はサービスがよく、その他の便はそうでもないという。

出発してから1時間後、座席の前についているナビゲーション画面が気になり始めてきた。そこに書かれている現地到着時間に目を凝らすと、16時40分と表示されている。到着予定時間は16時10分のはずなのだが、すでに30分も遅れている。これはやばいかもしれない。

その2時間後、到着予定時間が17時20分になった。シンフェロポリ行きのフライト時間は17時20分……。絶望的だ。なぜこんなに遅れてしまったのかは正直わからない。結局、モスクワに到着するまでその表示が変わることはなかった。もう仕方ない。空港内のアエロフロートのカウンターで変更手続きをするしかない。

モスクワには空港が2つあり、この飛行機が到着するシェレメーチェボ空港は新しく、近代的な造りになっている。

モスクワに到着すると、機長からアナウンスがある。まず英語で、次に日本語で「ただ今、現地時間は17時10分です~」とアナウンスが流れた。

俺は急いで降りて、アエロフロートの乗り継ぎカウンターに向かった。シンフェロポリまでのチケットを見せながら英語で説明したが、とにかく入国審査をしなければならないとのこと。急いでイミグレーションに向かうが、入国カードを記入する必要はなく、ビザをチェックするだけで簡単に終わった。

俺は走って国内線乗り継ぎカウンターに戻り、若い女性のスタッフに告げた。

「もう俺の乗る便は行ったと思うのですが、他の便に変えてください」

すると、その女性は俺のチケットを見て、不思議そうに答える。

「まだ、あなたの便は行っていませんよ。でも、搭乗アナウンスがすぐなので急いでください」

どうなっているのかわからないが俺は嬉しかった。何らかの事情で出発が遅れているのだ。ラッキーである。急いで搭乗口に向かうと、並んでいるのは金髪で青い目をしているロシア人ばかりで、俺にロシア語でおそらく「シンフェロポリ行きはここか？」と聞いてくる。俺は何気なく空港の時計に目をやると、うん？　……時刻は16時40分なのである。一体、どういうことなのか？

現状を理解するのに少し時間がかかった。つまり、飛行機のナビの時間と、機内アナウンスが間違っていたのである。こんなこと、ありえるのだろうか。とにかく、俺は安堵しながら機内に乗り込んだ。

肥沃の大地

モスクワを出発して2時間40分後、もうすぐクリミア共和国の首都・シンフェロポリに到着する。

シンフェロポリ空港は、ウクライナ領だった頃には国際線も就航していたが、現在では国内線が飛んでいるだけで、必ずモスクワを経由しなければならない。

上空から見ると、クリミアは肥沃の大地が広がっている。ああ、これからロシアに初めて降り立つのだ。ロシア（旧ソ連）には今までいい印象はなかった。第二次世界大戦末期に日ソ中立条約を勝手に破棄して参戦し、北方領土を占領しただけでなく、60万人以上の日本人を連行して抑留した。スターリン時代の独裁権力に支配された恐ろしい国といったイメージが強く、冷戦時代にアメリカと競い合った社会主義の超大国でもある。

ソ連は崩壊したものの、ロシアは広大で、日本の45倍の面積があり、人口は1億4350万人だ。

空港に到着すると、ウクライナ領だった数年前まで使用されていた国際線ターミナルが見える。当時、観光でクリミアを訪れる外国人はフランス人、イギリス人が多く、ヨーロッパの都市やロシアからの便があった。だが、そのターミナルは灯りがなく無人で、廃墟になってしまったような寂しさがある。

クリミア共和国の首都・シンフェロポリは人口約34万人の街で、２０１４年3月にウクライナからロシア領に編入された。だが、ロシアの編入を認めない日本を含めた大半の国では、「ウクライナ領クリミア自治共和国」と位置づけられている。

今回、俺の旅には『未承認国家を見てみる』というテーマがあり、混乱が生じるかもしれないので、現在、ロシアが実効支配をしている国名である『クリミア共和国』とここでは明記する。


荷物を受け取って空港を出る。クリミアの通貨はロシアのルーブルである。外国人など来ないと思っているのか、両替所は探してもない。実はこのような事態を想定して、東京で３０００ルーブル（約５４００円。以下、１ルーブル１・８円で計算）だけ悪いレートで両替していた。３０００ルーブルあれば、今日は大丈夫だろう。

空港を出ると、英語を話す60歳手前ぐらいの男に英語で声をかけられた。

「タクシーを使うか？　どこまで行くんだ？」

クリミアでは英語がまったく通じないと思っていたので、この運転手が話せることが意外だった。俺がホテルの住所を見せると男は「ここ知っているよ」と言う。

時刻は20時を回っているし、タクシーでホテルに向かうしか選択肢はなさそうだ。

「ホテルまでいくら?」

「メーター・タクシーだよ」

予想に反してメーターである。事前に調べた情報では空港からのタクシーは高いということで、多く見積もって1800ルーブル（約3240円）と予想していた。それならば残りは1200ルーブルあるし、ホテルに併設しているレストランで食事とビールを楽しみ、水などの必要なものを買い、明日両替してホテルの宿泊費を払えばいいのである。

怪しいタクシー

タクシーが出発すると「ルーブルはあるのか?」と運転手が尋ねてくる。どうやら、空港には両替所がないので、彼が両替をやってくれるようだ。彼はフレンドリーで、お互いの家族の話をしたり、クリミアの観光について教えてくれる。すると、運転手が「タバコを吸っていいか?」と尋ねてきた。もちろんOKと答えると、運転手は窓を開けた。俺も日本を発ってから吸っていなかったのでタバコを取り出すと彼の様子が突然変わった。彼は不快な顔を作り、冷たい口調で言った。

「君が吸うなら、俺は後で吸うよ」

車内が臭くなるのを避けているのかもしれないが、突然の変化が気になる。俺は料金がいくらになっているかメーターを覗こうとした。すると、おかしなことになっているではないか。メーターはわざとらしく雑誌で隠されて数字が見えなくなっているのだ。この場合には３つの選択肢がある。

１・さりげなく雑誌をどける
２・運転手に抗議して見せてもらう
３・そのまま、どんなことになるのか想像しながら放置

通常なら1か2を実行するが、俺は旅行作家である。この運転手の意図を知りたいので、運を天にまかせて放置することにした。せっかく英語を話せる運転手なので、いくつか質問をしてみる。

「あなたは、ロシア人なの？」

「そうだ、ロシア人だよ」

「クリミアはウクライナ領からロシアのものになっているけど、どう思う？」

「ここは最初からロシアのものだよ。ウクライナのものではない」

言いたいことは山ほどあったが、あえて黙って質問を続けた。

「2年前にロシアに国が変わったけど、変化はありますか？」

「通貨がルーブルになり、なにもかも物価が高くなったよ。観光客も減ったし、収入も減って困っている」

この質問は聞きにくいが、聞いてみたい。

「プーチンは好きですか？」

すると、彼は間をおかずに答えた。

「大好きだ。我々の誇りである。君は好きなのかね？」

ここで変なことを言えないのでこう答えた。

「わからないから、もっとロシアのことを勉強してみるよ」

この運転手は自分がロシア人ということに誇りを持って生きているようだ。そろそろ予約しているホテルに近づいてきた。大きな広場があり、タクシーなどが停まっている。この旅行の中で俺がヤルタまでバスで移動すると話していたので、「ここの広場から、ヤルタに行くトロリーバスやバスが出ているよ。絶対にここに来るんだぞ」などと教えてくれる。更に、ホテルから広場までのルートなどを説明してくれるし優しい人ではないか。

タクシーはホテルに到着したようだ。あれ、なにかおかしいぞ。予約する際、ホテルのことを調べていたのだが、観光客が明るいレストランで食事をしている写真が掲載されていた。だが、レストランは真っ暗で営業をしておらず、レセプションもどこにあるのかわからない。俺は少し不安になる。その前に金を払わないと。

運転手がメーターを覆っていた雑誌を取ると、そこには……『２９００』と表示されている。２９００ルーブル（約５２２０円）！　信じられないことだ。運転手は１００と１０００を間違えているのか、「トゥー・ハンドレッド〇〇」と言っている。ああ、２９０ルーブルなんだな。いや、それはいくらなんでも安すぎる。確認して紙に書いてもらうとやはり２９００であった。

たぶん、メーターに細工がされていて、料金がかさ増しされているのだろう。走行中にメーターを客に見られると「おかしいぞ」と抗議されてしまうので、雑誌で隠しておき、そこに目がいかないように話しかけて注意を逸らす作戦に違いない。

あえて「３・放置」を選んだにもかかわらず、実際に騙されていたと思うと、ショックを隠すことができなかった。俺は抗議をするがメーターなのでどうすることもできない。金を多く取られたということよりも、持ち金がなくなった不安と、今まで親切そうに話していた人に騙されたというショックが大きい。

つらい気持ちのまま車を出た。ホテルの入り口がわからずに右往左往していると、運転手がやってきて教えてくれる。悪いことをした罪滅ぼしなのか、このように後からフォローしてくる人は多い。運転手は「良い旅を」と言って行ってしまったが、最悪の旅の始まりであった。

後から気になって空港からのタクシーについて調べたが、通常、空港からはローカルバスか、迎えの車を利用するらしい。外国人や観光客は俺のようにタクシーを利用するが、皆一様に「空港からのは高い」という感想だ。メーター・タクシーを利用する際は注意してほしい。

クリミアの暗い夜道

レセプションに入ると金髪の若い男がいた。彼はニコニコと予約表を見ながら英語で迎えてくれた。

「待っていたよ。君が日本人の客だね」

おお、英語が通じるではないか。どうやらこの男が責任者のようである。俺は部屋に通され、Ｗｉ－Ｆｉの暗証番号を聞いた。それにしても、ホテルに併設されているレストランはどうなってしまったのだ。電気が消えていて誰もいない。俺はレストランに惹かれてこの宿に決めたようなものである。そのことを尋ねると、彼は暗い顔で答えた。

「景気が悪くてね。今、レストランは閉めているんだよ」

観光客が減ってこのホテルも深刻な打撃を受けているようだ。

「宿泊費、４０００ルーブルを今、払ってください」

責任者が言う。しかし、俺は手持ちの金が１００ルーブルしかない。

「明日にしてもらえないですか？」

「それは困る。今日中にほしい」

このように融通が利かないところは困る。

「ホテルで両替はできますか？」

「それはできない」

国によっては、ドルやユーロ払いがＯＫだし、宿で両替をしてくれるところもあるが、ここはそうではないようだ。

「ＡＴＭや両替所はどこにあるのですか？」

「ＡＴＭ？　それはなに？」

ＡＴＭという単語はこれまで世界のどこでも通じるものだった。俺がビザカードを見せると、彼は納得し、場所を教えてくれる。

ホテルに到着したら併設されているレストランでゆっくりするつもりだったのに、暗闇の中、金を下ろしにいかなければならないとは、まったくついてない。外に出ると、街灯はわずかで、人通りは少ない。

時刻は22時近くだが、治安の面は大丈夫だろうか？　事前の情報が皆無のため、不安だけが募る。とにかく俺はパスポート、ビザ、カード、現金を持ち歩いているのだ。強盗に襲われたら、どうすればいいのか。クリミア共和国には日本領事館がなく、パスポートを奪われたら、モスクワまで行かなければならない。ビザも一緒に取られることになるわけだから、国内移動もできず、不法滞在の怪しい東洋人扱いで、留置所に入れられかねない。未承認国家は日本の出先機関がないので、トラブルが生じた場合に、非常に厄介なことになってしまうのだ。

暗くて人通りのない道を進む。こんな時、東南アジアだったら野良犬がいるものだが、ここにはまったくいない。更に歩くとカップルがキスをしている。彼らには緊張感がなく、そんな姿を見ていると、もしかしてこの街は平和なのかもしれないと感じてくる。

交差点まで行き、繁華街らしき場所にたどり着いた。お洒落なレストランや銀行などが建ち並んでいる。だが夜遅いためか人影はまばらだ。

ルーブルが必要な俺は両替所を探すが既に閉まっている。銀行のATMを見つけるがはたして使えるのか。心配しながらカードを入れるが、このカードでは下ろせないようだ。別のカードを入れるがこちらもダメ。他のＡＴＭも同様である。

仕方がないので、水だけ買って帰って宿の人に事情を説明し、さっさと寝てしまうしかない。ミニスーパーに入った。せめてビールやツマミでも買いたいところだが、１００ルーブルしかないので買うことができない。

店内はダラダラとレジを打つやる気のない店員と、並ぶことを知らない客しかいない。大体の先進国ではレジに順番に並ぶものである。俺が順序よく並んでいると、いきなり平気な顔で割り込んでくる。そして次も割り込み。ようやく自分の番になったと思ったら、とんでもなく不愛想な態度で釣りを投げて寄こすしまつである。

ホテルに戻って責任者に事情を説明すると、納得してくれた。

「それは仕方ないね。じゃあ、明日の朝に払ってね」

そしてスマホを手に取ってなにやら調べ始めた。

「あ〜、僕も知らなかったんだけど、２年前にクリミアがロシアに編入されてから、海外のカードは使用できなくなっているみたい」

ロシアのクリミア編入の際、諸外国はロシアの行為を認めず、経済制裁を加え、クリミア共和国内では海外のカードは一切使えなくなっているという。ロシアの実効支配によってこのような影響も出ているのだ。

それにしても、この責任者は毎日のように客が来ているのにそんなことも知らなかったのだろうか。そのことを聞くと、どうやらロシアのクリミア編入後、客はロシア人や旧ソ連圏の人たちばかりで彼らはカードを使用する際に問題がないので気が付かなかったという。責任者が俺に尋ねる。

「ロシアが好きか?」

「到着したばかりでよくわからないよ(そもそもここはロシアなのか?)。あなたはロシア人なの?」

「そうだよ。ロシア人だ」

「クリミアがロシア領になってどう思う?」

「この地は、そもそもロシア領だったんだよ。住んでいる人の大半はロシア人で、これは当然のことだよ。でもね、観光客が激減して、商売するのには大変だよ」

彼が言うように、1954年までクリミアはロシア領であった。当時はソ連の時代で、ソビエト連邦内にあるロシアに組み込まれていた。ところが、ニキータ・フルシチョフというウクライナ出身の男がソ連のトップに立つと、クリミアをソビエト連邦の中にあるウクライナ共和国に与えてしまった。気まぐれであげたとも言われたが、実は、スターリン死後の権力闘争において、ウクライナの党組織やエリート層からの支持を取り付けなければならなかったからと言われている。しかし、当時はあまり大きな意味を持つものではなかった。そもそも、ロシアとウクライナは共にソ連という国の中にあり、国境などなく、各共和国の境界もただの線に過ぎなかったからだ。

しかし、ソ連が崩壊した後、クリミアは、独立国となったウクライナの一部になってしまった。クリミアの人種構成のほとんどがウクライナ人だったならば問題は起こらなかっただろう。だがロシア人が60％以上を占めているこの地域では、その後、人種間トラブルが起きてしまったのだ。

部屋に戻ってシャワーを浴び、ＰＣを開いた。Ｗｉ－Ｆｉのパスワードを入れてもまったく繋がらない。聞きに行くのも億劫になり、そのままベッドに横になった。腹が減った。ビールを飲みたい。ひたすら孤独を感じてくる。旅の初日からまったくついてない。

首都シンフェロポリを歩く

朝８時に起床し、早速出かけようとした。腹が減ってしかたない。昨日から機内食しか口にしていないのだ。とりあえず両替して宿の金を払ってから食事をしようと考え、フロント

街の広場には戦車が置かれている

に行くと、責任者が出てきた。これから両替をする旨を伝えると、朝食を食べてから行けという。忘れていたのだが、ホテルは朝食付きだったのだ。

席について食事を待つ。スタッフは女性ばかりだが、とにかく不愛想である。普通、このような宿で働く人は最低限の愛想の良さは兼ね備えているものだが、4人いる女性はムスッとしたままである。ソ連時代を旅した人はこのような思いを毎日していたのだなと思ってしまう。朝食はクレープやらパン、ハムエッグなどだったが、空腹も手伝って非常に美味しかった。

街を歩き始めたが、通勤、通学の人が多く、いたって普通の街だ。ロシア軍の戦車が記念碑のように置かれていたり、兵隊の姿はあるものの、物々しさは感じない。東洋人は俺しかいないのにジロジロと見てくる人も話しかけてくる人もいない。

銀行の近くで両替所を見つけた。ユーロとドルのみ両替できるようで、今後のことも考えて400ドルを両替する。

帰り際、巨大な戦車を眺めながら、世界中から批判を浴びることになるとわかった上で、どうしてロシアはクリミアを編入したのだろうかと考える。世界中のマスコミはロシアが一方的に悪いと決めつけているが、本当のところはどうなのか？

1990年後半から、ウクライナではバンデラというナチスドイツの共犯者だった国粋主義者を称賛しはじめる。彼の仲間は、ウクライナの市民を殺害し、強姦し、ロシア人などを大量殺戮したが、そんな人物が『ウクライナ独立の闘士』として人気を博したのだ。

兵士たちが歩く姿も見られる

反ロシアキャンペーンは、近年になって激しさを増してきた。それはクリミアにおいても同様だった。ソ連崩壊後、クリミアがウクライナに残る条件の保証としてあった、ロシア人の自治権をほぼ奪ってしまった。行政や議会、住民に対して圧力をかけ、特にロシア語が弾圧されたのである。

2014年2月に事態は最悪の展開を迎える。ウクライナのクーデター後、当時の新政権はロシア系組織と戦うために、右翼的な武装戦闘員をクリミアに送り込むと脅迫した。こんな状況になって、もし自分がクリミアで平和に暮らしていたロシア人だったらどんな心境になるだろうか？　そのような状況下でクリミアのロシア系の人々が自分たちの身を守るためにロシア連邦に助けを求めたのが最初の段階で、何世紀にもわたってロシアだった歴史があることも手伝って、ロシアに戻る道を選択させてしまったのだ。

シンフェロポリの街の感想だが、とにかく英語が通じない。ロシア語オンリーなのである。いろいろと英語で話しかけてみるものの、返ってくるのはロシア語だ。文字もキリル文字なので読むことができない。

地元のお洒落スポットらしいが、マックやスタバはもちろん存在しない

市民はまるで俺が存在しないかのように無関心だ。通常、観光客が少なく、東洋人がいない場所だったら物珍しさから穴が開くほどジロジロと見られるものだが、自分が本当は存在していないのではないか、と変な考えを抱いてしまうほどだ。ただ、そのうちに慣れてくると、彼らは俺と目が合わないようにスキを見て覗くようにチラッと見ていることに気が付く。ただ、表情は硬く、フレンドリーさはない。冷たい感じがするのである。

シンフェロポリは観光地ではなく、ただただ平凡な街並みが続く。公園では市民がくつろいでいて、平和な印象を受ける。道路を何回も渡って気が付いたのだが、ほぼ１００％、車は歩行者に道を譲ってくれる。ロシアといえば質の悪いドライバーの動画ばかり見てきて、そんな場所に行ったら轢かれてしまうのではないかと危惧していたが、心配は無用だった。こんなに車のマナーがよかったのはかつて俺が行った国の中では南米のチリしか思いつかない。ちなみに、車のナンバー・プレートはロシア・ナンバーが９割で、１割がウクライナのナンバーである。

街角のパン屋。のどかな雰囲気だ

夕方になって腹が減ってきた。朝食を食べてから何も食べていないのだ。俺は一軒のレストランを見つけた。店構えはお洒落だが、それほど高級感はない。とりあえず入り、オープンテラスに座るが、気温が下がり始めているのか、肌寒くなってきた。

若い女性がやってきて、メニューを見せてもらうが、全部キリル文字である。英語のメニューを頼むが、そんなものはないというジェスチャーである。そう、彼女とは言葉もまったく通じないのである。ステーキを食べたかったのだが通じず、唯一わかったハンバーガーとビールを頼んだ。ビールがやってきてロシアの濃いビールを体に入れる。美味しい。しかし、温暖なクリミアとはいえ、5月の夜は寒くなる。客は俺一人しかおらず、ぼんやりしながら暮れていく外を眺める。

ヤルタに移動

クリミアといえば、「ヤルタ会談」が開かれたヤルタという街が有名で、聞いたことがある人も多いだろう。

クリミア半島は、帝政ロシア時代には貴族の、ソ連時代には共産党幹部の、つまり歴代のロシアの支配者階級の保養地として発展した場所だ。

この日はヤルタに移動する予定である。朝食を食べた俺はホテルの敷地内にある喫煙所でタバコを吸っていた。ちなみに地元の人はタバコばかり吸っているのに、国の法律で屋内全面禁煙になっている。すると、喫煙所に白人系の男がやってきた。一般的にこのようなシチュエーションならば、目が合ったら挨拶をするか、「ハーイ」と声をかけあったり、顔を合わせてお互い笑顔をつくるものである。しかしここではそれは通用しない。相手は俺を睨み、しばらくタバコを吸ってから、どこかに行ってしまう。非常に感じが悪いのだ。家族連れにいたってはお婆さんに挨拶をしたが、向こうは変な動物でも見るような目を向けて、それから無視である。

その後、バス停に移動し、切符売り場でチケットを購入したが、どのバスに乗るのかわからない。チケットを見せながら人に尋ねて、20人乗り位のボロボロのバスの前に来た。行き先がキリル文字で書かれているが読めないので運転手に聞くと、このオンボロバスでヤルタまで行くらしい。その後、運転手がなにか怒鳴るように言ってきたが、さっぱりわからない。この男はロシア語がわからない奴なんてクズだ、というような態度で接してくる。

キリル文字で書かれたチケット。読めません

それを見ていた女性客は英語が少しわかるらしく「荷物を後部に入れるように言っているのよ」と教えてくれる。それだったら運転手はジェスチャーで示してくれればいいではないか。更に自由席かと思って勝手に座っていたら、どうやら座席指定されているようで、運転手は怒鳴りつけるように「お前の席はここだ！」と言ってくる。クリミアに来てからこんな出来事ばかりが続くと、この国にはいい感情を持つことができなくなってしまう。

バスは走り出し、平凡な街並みが過ぎていく。

クリミア市民の後押しがあったとはいえ、ロシアにとってクリミアは軍事的にも重要な場所なので、ぜひとも奪い取りたいと、ずっと狙っていたはずである。

簡単に、ロシアの歴史と、クリミア編入までを紐解いてみよう。

ロシアの古代国家は9世紀半にウクライナにあったリューク王朝に樹立された「キエフ・ルーシ」が起源だと言われている。それは現在のロシア、ウクライナ、ベラルーシにわたって存在していた。988年にルーシは東ローマのビザンチン帝国から東方キリスト教を受け入れたのだが、イスラム教ではなくキリスト教を受け入れたのは、ウラジーミル大公が「ルーシの楽しみは酒を飲むことだ。これなしには生きることができない」と飲酒を禁じているイスラム教を拒否したかららしい。

ロシアにとって、ウクライナは歴史的にも精神的にも切り離せない場所であり、ずっとこのまま仲間であり続けるのは当然と思っていたが、そのウクライナがNATOやEUに加盟し、欧米に接近することは許しがたいことだった。更にNATOの軍事基地も置かれ、ロシアの勢力圏が脅かされる事態になった。

2014年、ウクライナのクリミア半島にあった、クリミア自治共和国とセヴァストポリ特別市は、ロシアのクリミア侵攻後、ロシア連邦への編入か、ウクライナの下での自治権拡大かを問う住民投票を実施する。その結果は、ロシアへの編入が賛成多数であった。だが、この住民投票は、独裁国家がよくやるような、ロシアの軍事的圧力の中で行われたのである。また、新ロシア派の武装集団に取り囲まれた議会では、ウクライナの暫定政権を承認していた自治共和国首相が強制される形で解任された。代わりに新ロシア派のアクショノフが首相になった。『クリミア共和国』として独立し、２０１４年3月18日にロシアのプーチン大統領は編入要請を受け入れた。だがウクライナ政府はもちろんのこと、欧米や日本などの諸外国はクリミア共和国の独立とロシアの編入を一切認めていない。

ヤルタの街は坂だらけ

ヤルタのバスターミナルに到着した時には小雨がぱらついていた。そこからタクシーに乗ってゲストハウスに到着した。ゲストハウスは1泊１５００ルーブル（約２７００円）で、部屋には小さなシャワーとトイレが付いている。非常にリーズナブルなのだが、ここの宿のスタッフは英語がまったく話せない。

観光客に配布する地図が置かれていたので手に取ってみるが、大雑把な作りの上、キリル

急勾配の坂道が延々と続くヤルタ

文字なので俺にとっては役に立たない。しばらくフロントにいると、ロシア人と思われる金髪の女性客がやってきたが、挨拶しても無視である。一体、ロシア人はどうしてあんなに鉄仮面みたいに表情が乏しく不愛想なのだろうか。

すると、40代ぐらいの東洋人がやってきた。日本人でないことはわかるが、何人なのかはわからない。俺が目を合わせて挨拶しようとすると、白人のロシア人がするような目で睨まれた。この男は流暢なロシア語でスタッフの女性と話し込んでいる。こんなところにいたら気が狂いそうなので外に出てみることにした。とりあえず街の中心地にあたる、レーニン海岸通りを目指してみる。

ヤルタの街は坂道ばかりである。小さな山がたくさんあって、その山々を移動するような感じで歩くことになる。道を一本間違えると、急勾配の坂道が前方に広がっていてウンザリすることも多い。高台にのぼると、そこからは黒海が見え、背後には山々が連なり、その間に市街が広がっている。

ヤルタの語源は『岸辺』を意味しているようで、古代ギリシャ人が築いた街なのである。きっと古代ギリシャの船乗りたちは船を停泊させる時、仲間に「ヤルタ（岸辺）に船をつけろ」と言っていたのだろうと想像する。

街は徒歩で回れるし、気候も年間を通して過ごしやすいので、帝政ロシアの貴族や、ソ連時代の高官などが保養地にしていたのも頷ける。

中心街は典型的なヨーロッパの地方都市といった感じで、歩いている女性は金髪で背が高く、モデルのように美しい。よく『ロシア美女』と言うが、まさしくそれのオンパレードである。

レストランの女の子。言葉は通じないがフレンドリーだった

川沿いまで歩くとプーシキン通りがあり、観光客や地元の人で賑わっている。この通りには店や屋台などが多く、画家が自らの絵を展示して売っている。

その足でメインストリートである、レーニン海岸通りに入る。ここはヤルタを代表する観光スポットで、通り沿いにはなんでも揃っている。お洒落なレストランにカフェ、銀行などだ。通りはかなり長く、アイスクリーム屋が数軒あり、その近くには、ぬいぐるみを着た人や鳩を持っている男もいる。彼らは観光客をターゲットにし

海岸で日光浴をする人たち

ていて、一緒に写真を撮って、金をもらおうとしているのだ。

観光客の大半を占めていたウクライナ人は大幅に減ったようだが、かなり人は多い。旧ソ連圏の人たちばかりだということはわかるものの、はたしてどこの国の人たちなのだろう。数人に声をかけたところ「ロシア」との返事。残念ながらその後の会話はできないのだが、おそらくウクライナを除く、旧ソ連圏、主にロシア〝国内〟からの観光客が一番多いのだろう。

レーニン海岸通りには両替所があり、地元の人が使えるＡＴＭも設置されている。うん？　これはなんだ。見るともう使われていないＡＴＭの機械がある。近づくと、埃をかぶったその機械には、ビザ、マスター、インターナショナルなどの文字が書かれている。これはロシアに編入される前まで使われていたＡＴＭのようだ。現在はそのまま放置されていて、気にとめる者は誰もいない。

通り沿いには猫の額ほどの海岸があり、そこでは大勢の人が日光浴をしている。太っている体形の人が多いのでトドの集団に見えなくもない。

通りの奥にはレーニン広場があり、レーニン像が立っている。レーニン（1870～1924年）はロシアの革命家、政治家で史上初の社会主義国のソビエト連邦の初代指導者を務めた。レーニンはヤルタを労働者の療養の場にすることを決め、ヤルタ周辺には労働者の為のサナトリウムがたくさん作られたそうだ。

レーニン像の裏には池があって子ども連れの母親がボートを漕いでいる。非常にのどかで平和な空気が漂っていて、とてもこの国で最近紛争が起こったとは思えない。

マクドナルドの看板が見えるが、閉店していた

通りの奥には大きな2階建てのマクドナルドがあるが、クリミアのロシア編入後に撤退してしまった。近くに行くと、まだ営業を続けているかのような存在感がある。店内を覗き込むと中は空っぽになっていて寂しい気分にさせられる。

ここでヤルタ会談が行われた

5月のヤルタは日中の気温は高いものの、湿度が低いの

白い外壁が眩しいリバーディア宮殿

で日陰に入れば涼しい。そしてたまに海からの心地よい風も感じる。ヤルタまでわざわざウォーキングに来たわけではないが、俺はとにかく歩き回って自分の目で街を見て、徒歩でリバーディア宮殿に行きたかった。

リバーディア宮殿は1911年に最後の皇帝ニコライ2世の別荘として建設され、あの有名なヤルタ会談が行われた場所として有名だ。俺は一生懸命に探すが標識も地図もわからず、最終日に諦めてタクシーを利用して向かった。

リバーディア宮殿は想像していたよりも小さかった。庭園は美しく手入れされていて、観光客の姿もある。宮殿の中にはツアーでしか入れないようで、10分後にゲートに集合して総勢30人で見学した。ただ、残念なことに解説がロシア語なのだ。そもそも西側の人間など俺しかいない。

1階ではヤルタ会談の様子が再現されている。ヤルタ会談は1945年、第二次世界大戦末期にこのリバーディア宮殿で、連合国のアメリカのルーズベルト、イギリスのチャーチル、ソ連のスターリンが戦後処理について会合したものである。この会談は戦後の世界秩序を変え、日本にも大きな影響を及ぼした極めて重要な会議であった。

有名な円卓がある。この円卓に3人がついて重要な話をしたのだ。日本の運命がこの場所で決められたのだと思うと、不思議な感慨を抱く。その他にルーズベルトの寝室や、食堂などを見る。歴史的な写真や新聞記事が展示されていて、自然に足が止まる。

2階は皇帝一家の展示になっており、ニコライ2世の歴史書を読んでいたので感動を覚える。家具や写真などの他、ニコライ2世の等身大の人形が置かれている。彼は帝政ロシアの国内がキナ臭くなっているのに呑気に何度もヤルタに滞在して海水浴や乗馬を楽しんだという。ヤルタの真っ青な空を見ると、働く気も起きなくなるのであろうか。

歴史を決めた円卓である

条約違反ばかりのロシア

なぜ、欧米や日本はクリミアのロシア編入を一切認めないのか？

まず、『ウクライナ憲法に関する違反』を犯している。

第73条にウクライナ領土の変更問題は「国民投票のみで議決できる」とある。

第134条には、「クリミア自治共和国は、ウクライナを構成する不可分の領土であると同時に、ウクライナ憲法が定める範囲内で自治を行う」と書かれている。よって、クリミア共和国が領土変更する場合、ウクライナ全土を対象とした国民投票によってのみ可能になるのだ。


では、クリミア自治共和国とロシア間の併合条約は有効なのか?

クリミア自治共和国には、そもそも国際条約締結権がないから併合条約は無効である。ウクライナ憲法9条には、「締結された国際条約はウクライナ最高議会で承認されて国内で効力を有する」とある。よって、クリミア共和国の住民だけが行った国民投票は完全なる憲法違反なのだ。

ロシアは国連に参加しているが、その国連憲章2条4項には「すべての加盟国は、その国際関係において、武力による威嚇又は武力の行使を、いかなる国の領土保全又は政治的独立に対するものも、また、国際連合の目的と両立しない他のいかなる方法によるものも慎まなければならない」とあり、それにも違反している。

ウクライナは国際的に認知されており、クリミア自治共和国は、ウクライナ共和国内の憲法下で自治を許されていた地域だった。一方的に内政干渉しているのはロシアなのである。

この記事を書いている時にこんなニュースが飛び込んできた。

２０１6年9月10日「ＮＨＫ　ＮＥＷＳ　ＷＥＢ」から記事を引用する。

『ロシア軍は、ウクライナから一方的に併合したクリミアで大規模な軍事演習を行い、軍事拠点として重視する姿勢を示すとともに、ＮＡＴＯ＝北大西洋条約機構をけん制する狙いがあるものと見られます。

ロシア軍は今月５日から10日まで、南部で兵士らおよそ12万人が参加して大規模な軍事演習を行っていて、９日、ウクライナから一方的に併合したクリミアでの軍事演習を公開しました。演習では、スホーイ34型爆撃機が爆撃訓練を行ったり、艦艇を使った上陸訓練を行うなどしたほか、地対空ミサイルの発射訓練なども行われました。軍事演習がこれほどの規模でクリミアで行われるのは、ロシアによる併合のあと初めてです。

ロシア軍のゲラシモフ参謀総長は「航空戦力はシリアでの経験を生かして演習を行った」と述べ、シリアでの実戦経験がロシア軍の戦闘力の向上につながっていると誇示しました。

ロシアはクリミアに最新鋭の地対空ミサイル「Ｓ４００」を配備したほか、クリミアの軍港を拠点とする「黒海艦隊」の船を更新し、戦闘機も増強しています。ロシアとしては、クリミアを軍事拠点として重視する姿勢を示すとともに、ウクライナ情勢をめぐって対立するNATO＝北大西洋条約機構をけん制する狙いがあるものと見られます』

このような状況になっているので、ロシアが実効支配する『クリミア共和国』はしばらく存続するだろう。

グッバイ、クリミア

いよいよヤルタを去る日である。前日にパソコンの翻訳機能を使って、宿のスタッフに車を手配してもらっていた。シンフェロポリの空港までは1時間半の距離で、料金は2000ルーブル（約3800円）だ。

朝9時前に荷造りを終え、部屋で待機していると、部屋をノックされる。車が来たらしい。チェックアウトしてリュックを持って外に出ると、ウクライナ・ナンバーの車が停まっていた。20代後半と思われる男は片言の英語で自己紹介をしてきた。

「僕のことをデビットと呼んでくれ」

真面目そうな男である。

車は出発し、猛スピードで空港に向かい始めた。車内にはウクライナのステッカーなどが貼られている。

「あなたはウクライナ人なの？」

「そうだよ」

「クリミアがロシアに編入されてから、なにか変わった？」

デビットは少し黙り、そして口を開いた。

「観光客も減り、外国からの投資もなくなって経済は厳しいと思うよ。僕も大学を卒業しているけど失業中なんだよ」

「この送迎の仕事はなんでしているの？」

「君が泊まっていた宿の人と知り合いで、仕事をもらっているんだよ」

クリミア共和国の経済は冷え込んでいるらしい。かつてあった欧米の企業は撤退し、ロシアの企業でさえも欧米から制裁を受けるのを嫌がってクリミアから撤退しているのである。

「ウクライナ人だからって差別みたいなものはあるの？」

「表だってはないと思うけど……さあ、どうかね」

そう言うと押し黙ってしまった。デリケートな話は外国人にはしたくないのだろう。あるいは俺がロシアの機関に密告するのを恐れているのかもしれない。

それからは特に会話も続かずに空港に近づいてきた。

空港の入口付近は警備が厳重である。車は速度を緩める。俺たちの前にいるロシア・ナンバーの車はノーチェックで進んでいくが、俺たちの車は停止させられた。俺が東洋人で目立つから停められたのだろう。どうせパスポートとチケットのチェックだけですむだろうとウエストバッグからそれらを取り出し、見せる準備をしたが、警察は俺には一切目もくれずにデビットに何かを言い、彼はそれに従って書類を提示している。一体これはなんだろう。もしかして、ウクライナ人に対する嫌がらせかもしれない。

しばらくすると、車は発進した。

デビットが申し訳なさそうに言う。

「ごめんね、到着直前で時間を取らせてしまって。いつもこんなだよ」

「次に俺が来る時には状況が変わっていることを信じているよ」

俺がそう返すと、デビットは小さく微笑んだ。

第2章
謎の未承認国家
『沿ドニエストル・モルドバ共和国』

面積：4,163km^2
人口：約52.7万人（2009年）
首都：ティラスポリ（※○の場所）
通貨：沿ドニエストル・ルーブル
承認している国：なし

沿ドニエストルってなんだ？

沿ドニエストル・モルドバ共和国（以下、沿ドニエストル）。

なんて不思議な名前の国なのだろう。そして、この国の名前を知っている人はどれくらいいるのだろうか？

沿ドニエストルは国際的にモルドバ共和国の一部となっており、独立国家としては認められていないが、独自の軍隊、議会、通貨（沿ドニエストル・ルーブル）、国歌を持っていて、大統領もいる。

どのような経緯でこの『謎の国』が誕生し、現在にいたるのか。そして、どのような人々が暮らしていて、首都のティラスポリはどんな街なのか興味が湧いてくる。

実を言うと、俺はこの国の名前を5年ほど前まで聞いたことがなかったのだが、旅人から次のような情報が入ってきた。

「怪しい謎の国に行ってきた」

「旧ソ連の雰囲気が残っている国がある」

沿ドニエストルのことを調べると、『未承認国家』という利点、つまり、モルドバ政府が制御できなかったことを活かし、一昔前まで、いや、もしかして現在進行形かもしれないが、麻薬や武器の密輸や人身売買などアウトローなことを国家ぐるみで行っていた場所である。これは胡散くさく、面白そうだ。

だいたい国名に、〝沿〟とついているのはどういうことなのだ。沿とは「海に沿った陸地」という意味なのだが、沿ドニエストルは海沿いではなく、ドニエストル川に沿った国のようだ。川の対岸はモルドバ共和国（以下、モルドバ）である。

謎の未承認国家である沿ドニエストルには空港がないようなので、入国するためには陸路でモルドバから入る必要があるらしい。

とりあえず、俺はモルドバの首都・キシナウに向かうことにした。

モルドバに到着

モルドバは昔、ルーマニア人国家・モルダビア公国に属していた。その後、オスマン帝国の影響下に入り、１８１２年にはロシアに割譲された。第一次大戦が終わると再びルーマニア領に戻ったが、１９４０年にソ連に編入された。そしてソ連崩壊後の１９９１年に独立を果たす。

モルドバの面積は九州よりも少し小さく、人口は約291万人（2014年国勢調査暫定結果）で、民族構成はモルドバ人（ルーマニア人とほぼ同じ）78・4％、ウクライナ人8・4％、ロシア人5・8％、ガガウス人（トルコ系）が4・4％となっている。言語はモルドバ語（ルーマニア語）で、ロシア語も一般的に通用する。

モルドバの首都、キシナウの空港に到着したのは午後5時を回っていた頃だった。ちなみに、キシナウという呼び名はモルドバ語を基にした日本語での呼び方である。ロシア語を基にして「キシニョフ」や「キシニョウ」と呼ばれていて、地元ではどれも通じた。

空港は小さく、イミグレーションにいるのは俺たちが乗ったフライトの乗客だけである。そういえば、入国カードを機内でもらっていないことに気がつく。記入しようと用紙を探すがどこにもない。聞こうにも係員さえいない。モルドバはなにせ旧ソ連である。無事に入国できるのだろうかという不安が襲ってくる。

他の乗客に目をやると、皆パスポートだけを持って並んでいる。俺もそれに倣って順番を待つが、入国カードがないためか、スイスイ進んでいく。俺の番になった。特に質問をされることなく、パスポートの情報を打ち込んで終了。とてつもなく簡単な作業だった。

イミグレーションを抜け、荷物を受け取り、外に出た。到着ゲートの目の前には両替所があり、そこで地元の通貨であるレウに両替する。初めて見るお札は円紙幣の半分ほどしかなく、子どもの時に遊んだ玩具のようだ。両替所の隣にはタクシー・カウンターがあり、ホテルまで約５００円だという。スタッフは普通に英語を話すことができ、クリミア共和国で言葉の壁に苦しんだ俺は嬉しかった。

宿泊したキシナウ・ホテル

タクシーは15分後、予約してある『キシナウ・ホテル』に到着した。このホテルはソ連時代に造られた古い外観で、非常に趣がある。値段も朝食付きで1泊３０００円とお得なので、せっかくだから〝ソ連〟を味わおうと、ここに決めたのである。

チェックインすると、フレンドリーなスタッフが丁寧に館内の説明をしてくれる。俺はシングルの一番安い部屋を予約していたのだが、宿泊客が少ないという理由で高い部屋を特別に用意してくれる。

ホテルはソ連時代の匂いがプンプンしていて面白かった。フロントを抜けると、なぜあるのかわからないイスとテーブルが置かれ、不愛想でやたらと恰幅のいい警備員のオヤジがいる。ソ連時代はこの場所で客の出入りを監視していたらしいが、今は関係ないだろう。

古すぎて『キュル・キュル』と、変てこな音のするエレベーターで上階に上がる。到着した階はやたらと天井が高く、廊下の幅も広い。学校の机と椅子のようなものがエレベーター・ホールの前にあり、オバちゃんが座っている。これもソ連時代の名残だが、当時は客の出入りを監視したり、売春の斡旋などもやっていたらしい。昔泊まった人は、部屋をノックされ、開けてみると綺麗な女性が立っており、「今晩どう?」と誘われることがあったようだ。もちろん現在はないが、この監視しているオバちゃんはいったいなにをしているのだろうか。座っているおばちゃんに尋ねてみたが、言葉が通じなかった……。

エレベーターを出ると机と椅子がある。今はいないがここにオバちゃんが座っている

部屋はやたらと広く、天井が高い。バスルームはかなりの年代物で、お湯は10分経たないと熱くならない。冷蔵庫の電源を入れると、「ブオ〜　ブオ〜」と、得体の知れない動物の鳴き声のような音がする楽しいホテルであった。

ソ連の雰囲気が残るキシナウ

外は暗くなってきた。ホテルを一歩出ると、銅像がホテルの前に建っている。ソ連時代のものらしいが、誰にも相手にされていないようでかわいそうである。少し歩くとショッピング・センターを見つけたので入ってみる。ヨーロッパ最貧国という、ありがたくない言い方をされているモルドバだが、内部は世界中どこにでもあるような造りになっていて、外国人や地元の人が大勢いる。お洒落な寿司バーがあったので晩飯を食べる。そこのスタッフは英語が堪能で、寿司も美味しかった。

その足でスーパーに行って買物をしたが、モルドバはワインが有名なので、とりあえずリーズナブルなものを購入した。レジでの支払いの時、細かいお金を出すのに苦労していたら、レジの若い女性が英語で優しく教えてくれる。キシナウは、この日の昼までいたクリミア共和国とは大違いで、接触した人のほとんどは英語を普通に話し、親切な人が多かった。ロシアとくっつくか、ＥＵの仲間入りをしたいか、その差かもしれない。

翌日、キシナウの街を観光することにした。ホテルを出て、キシナウ駅に向かう。駅は綺麗だが人は少なく、その周辺では青空市が開かれていてのどかな雰囲気が漂っている。街の外れにはソ連時代の名残がある団地や建物などがあり、建築物マニアの人にはたまらないだろう。その後、街の中心であるシュテファン・チェル・マレ大通りを歩く。

キシナウの街は第二次世界大戦で激しい空襲にあった。その後、ソ連のいたるところで見られるような社会主義的な街の建設が始まった。碁盤の道路網を敷き、その中心に公園などが造られた。そのためか非常に歩きやすい造りになっている。大通りには必ず地下トンネルがあり、トンネル内には店や売店がたくさん並び、活気があって面白い。だが、街外れの地下トンネルは、小便の匂いが立ち込め、真っ暗で人通りがないので注意が必要だ。また、人通りが多い場所でも子どもの物乞いがいて、これがやたらとしつこいので、荷物や貴重品には常に警戒しないといけない。

街はゴミゴミしておらず、意外と平和だ

モルドバでは、人口の半数以上が貧困層であり、80万人以上がロシアを筆頭に、ヨーロッパ諸国に出稼ぎに出ていることを忘れてはならない。
シュテファン・チェル・マレ大通りには大きな市場がある。品数は豊富で活気があり、地元の人は人懐っこく、楽しい。南米の市場に少し似ているかもしれない。

街全体に言えることだが、東洋人が珍しいのか、人は俺のことをジロジロと見てくる。市場の中にはモルドバ国内の路線を網羅しているバスターミナルもあり、沿ドニエストルの首都であるティラスポリ行きのバスもここから出発する。

市場を後にして更に大通りを進むと、市庁舎の前で自然に足が止まる。そして思わず「ソ連だな」とつぶやいてしまう。ソ連時代に建てられた無機質な市庁舎には、青・黄・赤の三色のモルドバ国旗がはためいている。

ソ連時代を彷彿とさせる市庁舎。はためいているのはモルドバの国旗

市庁舎の近くには民芸品がたくさん売られている公園があり、マトリョーシカなどのロシアの民芸品やソ連時代の軍服やコート、帽子などもある。ソ連の国旗が入っている帽子が欲しかったのだが、荷物になるので諦めるしかない。そこから少し進むと、マクドナルドが見える。この国にもあるとは思わなかったので意外である。クリミアと違い、観光客や地元の人で賑わっているので中に入ってみる。セット価格が６００円と、なかなか強気だ。マックの近くには凱旋門と呼ばれている門があり、観光客が記念撮影をしている。

凱旋門の向かいには巨大なシュテファン・チェル・マレ公園があり、入口にモルドバの建国の父である、シュテファン大公の像がある。ヨーロッパの他の街にも共通するが、街の中には必ず大きな噴水のある公園があり、緑あふれる市民の憩いの場所になっている。ここから歩いて3分の場所には国立博物館があり、膨大な量のモルドバの歴史資料が展示されている。館内はガラガラなので、ゆっくりと見て回ることができて面白かった。

キシナウの街の感想だが、歩きやすいし、治安は昼間なら問題ないと思うが、子どもの物乞いはスキを見て盗みを働く可能性があるので注意した方がいいだろう。一人あたりの国民総所得が2162ドル（2014年）と、ヨーロッパ最貧国と聞いていたが、そんな感じはしなかった。スラブ、ロシア、ラテン系が交じり合っているせいか、女性は綺麗である。最初は彼女たちのことをとっつきにくそうだと思っていたのだが、実際に話してみると、控えめでいて、明るい。

凱旋門の周囲には少しだけ観光客がいる

緑が多くて非常にいい街だが、小さいうえに見どころが少ないので1日あれば十分だと思う。

いざ、沿ドニエストル

沿ドニエストルは南北約２００キロ、東西は広いところで20キロ、狭いところだと４キロしかなく、モルドバ、ウクライナと国境を接している。面積は埼玉県と同じくらいで、モルドバ国土全体の12％ある。人口は約52・７万人（２００９年1月、沿ドニエストル「経済相」）だが、国民は外国に出てしまうのか、年々減少する一方だ。

朝９時にホテルを出た俺はバスターミナルに向かう。首都であるティラスポリまでのチケットを約２００円で購入し、18人乗りのミニバスに乗り込んだ。車内はガラガラで途中、人を乗せても10人しかいなかった。俺以外の内訳は、イギリス人１人、モルドバ人３人、ロシアあるいは沿ドニエストルの住人が５人である。見た目では国籍がわからないのだが、彼らが持っているパスポートをチェックしたのだ。イギリス人はカメラを首からぶらさげていて、観光客

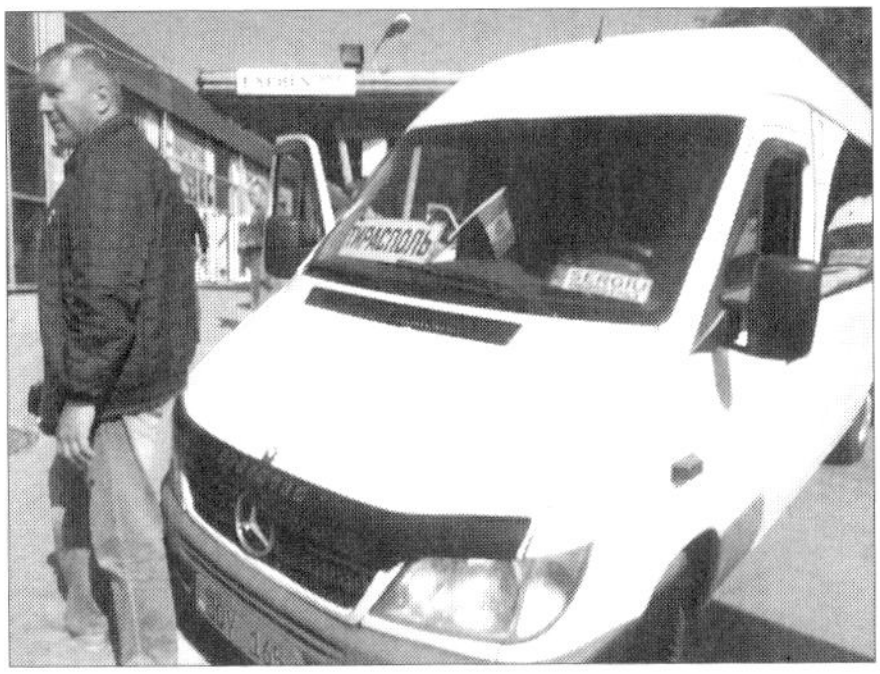

このミニバンで沿ドニエストルに向かう

であることはわかるが陰気な奴で話しかけてもムスっとしたままだし、地元の人が何かを言ってもほとんど無視している。

俺は『モルドバ人』『沿ドニエストルの住人』と書いたが、モルドバ人は民族的にルーマニア人である。大きな2つの世界大戦の間にはモルドバ（当時はベッサラビア）はルーマニア領だったこともある。

一方、沿ドニエストルで一番多い住民はなんとモルドバ系で31・9％もいる。続いてロシア系が30・4％、ウクライナ系が28・8％の順になっている（2004年国勢調査）。

ちなみにティラスポリにある議会の入口は3つあり、そこにはそれぞれ、モルドバ語、ウクライナ語、ロシア語が書かれている。また国章にも3ヵ国語で国名を記している。

さあ、出発から1時間、ついに悪名高き国境に到着した。

ドキドキの国境越え

沿ドニエストルの国境検問所。何年か前までは、そこを通過する旅行者は因縁を付けられ、賄賂を要求される悪評の高い場所であった。だが、ここ数年、賄賂要求の話は聞かず、国境で簡単な質問を受け、入国カードを記入するだけで通過できるようになったようだ。しかし、このような状況はいつまた変わるかもしれない。

俺は今、「国境」と書いているが、本来、未承認国家において「国境」などは存在しない。未承認国家は、国際上の「親国」（クリミア共和国ならばウクライナ。沿ドニエストル共和国の場合、モルドバが該当）に属することになっていたり、国として認められていない。よって、通常はグリーンラインや、レッドゾーンと呼ばれるが、ここでは混乱を避けるために「国境」と書こうと思う。

車を降りる時、陰気なイギリス男がまだ座席についていたので、降りる必要があると教えたのだが、返事もなく、ムスッとしたまま立ち上がった。

沿ドニエストル政府が発行するパスポートを初めて見たが、そこには、「ＣＣＣＰ（ソ連の略称）」と明記されている。亡霊に取り憑かれているわけではないだろうが、まだソ連の一員のつもりらしい。

沿ドニエストルではマルチ国籍は禁止されていないようだ。なぜなら、国際的に承認されていないパスポートを持っていても国民は外国に行けないからだ。だからほとんどの住民は他国籍を有している。ロシア国籍が20万人以上。ウクライナ国籍は1万人以上。そして、約35万人がモルドバ国籍を持っている。なぜモルドバ国籍が多いのだろう、と不思議に思うかもしれないが、２０１４年4月にモルドバとＥＵ間でビザなし渡航が実現した後、多くの人がモルドバのパスポートを申請したのだ。

俺は掘っ建て小屋のような建物に入った。モルドバの人は頻繁に行き来しているからか、手続きは簡単である。入国カードを探すが見当たらない。係員に尋ねると、どうやらいらなくなったようだ。俺の知り合いが8ヶ月前に訪ねたときは必要だと言っていたから、それ以降不要になったようだ。このように未承認国家の国境は常に状況が変わる。

女性の係官はソ連を連想させる時代遅れの制服を着用し、表情はゼロ。写真を撮りたいところだが、国境では絶対に撮ってはいけないらしく、もしトラブルに巻き込まれたら厄介である。沿ドニエストルどころかモルドバにも日本大使館はなく、ウクライナの首都・キエフにある大使館に連絡を取らなければならなくなる。

女性係官はロシア語で話しかけてきたが、英語で伝えてくれと言うと、拙い英語で話してくれる。

「宿泊する予定か？」

「いいえ、日帰りです」

「12時間しか滞在できないので、それまでに絶対に戻ってくるように。そして、このビザをなくさずに帰りに渡してください」

そう言って別紙に貼られているビザを渡してくれる。

入国カードもビザ代もなく、あっけなく終わってしまった。ただ、日帰りで訪れる場合は12時間の時間制限がある。それを超えると不法滞在扱いになり、どんな処分を受けるかわからない。

これが10年ほど前だったら税関、平和維持部隊の検問所、ハイウェイパトロールの検問所、国境検問所と、４つのチェックポイントを抜け、更に許された滞在時間はわずか３時間しかなかった。それを考えるとずいぶんと楽になったものだ。

俺は車に戻って、他の乗客を待つ。ここは未承認国家という特殊な環境を活かして、人身売買、武器、麻薬の密輸、その他のいわくつきのモノの中継地点として使われてきた。そんな理由からか、窓の外に目をやると、沿ドニエストルの警官や兵士がいて、物々しい雰囲気で警戒にあたっている。

『写真が撮りたい』。俺は咄嗟に思った。当たり前だが、この国では国境や軍事上の施設、橋などは撮影厳禁である。

兵士らは車の方を向いていない。俺はデジカメを取り出し、急いでシャッターを切った。そしてカバンにしまった時だ。兵士が後方から窓をノックする。40代の口髭を生やしている男の目は怒っている。そして「窓を開けろ」とジェスチャーをしたので素直に従うと、なにやら言っている。この男が何を言いたいのかわかっているので、バカな旅行者を装ってごまかそうとしたが、男は声を荒げた。

「カメラを出せ！」

カメラを出すと、兵士は命令口調で言う。

「写したところを見せろ！」

言われるままに従うしかない。

「削除しろ！」

その場で削除する他はなかった。

沿ドニエストルの成立過程

ミニバスは田舎道を進んでいく。農作業についている人の姿ばかり目につくが、沿ドニエストルの主要産業は金属産業、コニャック産業、モルダフスカヤ発電所などだ。

一体、なぜこんな場所にソ連臭プンプンの国が生まれたのだろうか？

車は途中で検問所を通過したが、そこにはロシア駐留軍がいる。ロシアとの問題が悪化しているウクライナは、沿ドニエストルのロシア駐留軍１５００人に脅威を抱いている。

沿ドニエストルは、かつてロシア帝国の一部だった時代がある。首都であるティラスポリは１７９２年にアレクサンドル・スヴォロフによって造られた。１９１７年にロシア革命が起こるまで、この国は、ロシア帝国のヘルソン県、ポドリヤ県、ベッサラビア県にわかれていた。

沿ドニエストルはモルドバからの分離独立を宣言し、１９９１年12月にモルドバに駐留していたロシア第14軍に支援してもらい、武装蜂起した。

この武装蜂起の際、沿ドニエストルの代表は「モルドバ政府がモルドバをルーマニアへ統合させようとしている」と抗議し、同地域の独立を主張した。結局、双方は武力衝突してしまう。それは半年にも及び、ロシア軍に支援された沿ドニエストル軍は、東岸を確保し、ティラスポリ周辺の西岸（ベンデル）も奪った。

多数の死傷者を出した後、１９９２年7月に停戦協定が締結され、１９９７年5月にモルドバと沿ドニエストルとの間で関係正常化の基礎に関する覚書が署名されて、平和に向けて一歩進み始めた。だが、その後もロシア軍は平和維持軍として堂々と駐留を続け、沿ドニエストルは実効支配を続けている。しかし、沿ドニエストルを承認した国は存在しない。ロシアさえも承認していないのだ。

この武力衝突は、民族的、言語的にルーマニアに類似しているモルドバ人が主体のモルドバ政府と、それに反発するロシア系住民による『沿ドニエストル』の対立と考えられていたが、現実は少し違うようだ。

両国の住民は頻繁に相互を行き来している。現にティラスポリに向かう道でもモルドバ・ナンバーの車が当たり前のように走っており、モルドバ人が経営している店もチラホラ目につく。両国はロシア語、モルドバ語を両方理解できる人も多く、他の国で見られるような民族的、言語的な分離戦争ではなく、ロシア政府の都合と、沿ドニエストルの上層部の利権維持のために利用されているといった側面も見られる。

もう1つの側面だが、ソ連が崩壊してモルドバが独立した際、モルドバ人の中で、ルーマニア民族主義が台頭した。公用語となったモルドバ語（ルーマニア語とほぼ同じ）では従来のキリル文字に代えてラテン文字が採用され、ルーマニアに併合してもらおうという主張まで現われた。

こんなことを黙って見過ごすわけにはいかないと、危機感を抱いたのが、ウクライナとの国境沿いにある、ドニエストル川東岸に住むロシア人だった。この一帯は歴史的にルーマニア領だったことはない。モルドバがルーマニア領だった時代も、ここはソ連の中にあるウクライナ領だったのだ。

プライドが高いロシア人にしてみれば、ソ連時代は自分たちが『支配国民』で威張っていたのに、モルドバが独立すると『被支配国民』に成り下がったように感じる。

危機感を抱いたロシア人はソ連末期の１９９０年に2回も住民投票を実施した。その結果、96%、98%という、信じられない圧倒的多数でモルドバからの独立が決定した。

モルドバがソ連から独立する際、沿ドニエストルも独立宣言をした。ここでモルドバが妥協して認めていれば国際情勢も変わったと思うが、沿ドニエストルはモルドバにとって独立をさせるわけにはいかない重要地帯だったのだ。モルドバのＧＤＰの40%を占め、電力の90%を供給するからだ。

諜報員か？

国境を出発して1時間、キシナウから約2時間で終点のティラスポリ鉄道駅に到着した。駅舎は天井が高く、利用者は少ない。日本の比較的大きめの田舎駅のようである。帰りのバスが心配だったので、着いてすぐにチケット売り場に行って時刻を調べるが、本数がたくさんあるので問題はなさそうだ。

チケット売り場には沿ドニエストルの地図が飾られている。持ち運べる街の地図が欲しいところだが、この国には軍事的・政治的な理由からか存在していないらしい。そんな国は初めてである。ちなみに一応、数人に尋ねてみたがぶっきらぼうに「ないよ」と返される。ここでは地図は国家機密なのだ。歩きながら地図を作製する旅行者を以前知っていたが、彼みたいな人がやってきたら、地図が作られてしまうのでないかと、そんなことを考える。

かつてはこの国に3時間以上滞在する場合には、登録が必要だったが、今はなくなった。だが、宿泊したい人は警察の旅券事務室のＯＶＩＲという機関で登録しなければならない。

トイレに行って戻ってくると、背の高い、白人の男に英語で声をかけられた。

「日本人？」

「はい、そうです」

「観光ですか？」

「そうですが、あなたは旅行者ですか？」

「沿ドニエストルに住んでいます」

「英語が上手ですね」

「ええ、ありがとう、ございます」

それにしても怪しい。こんな場所で特に用もないのに東洋人に声をかけてくる者にロクなのはいない。カモの観光客を探してよからぬことを企んでいるか、あるいは、沿ドニエストルの諜報員かもしれない。冗談で書いているわけではなく、この国はある意味鎖国していて、ほとんどの外国人はこの駅に降り立つ。逆にこの国の政治体制を考えると、諜報員がいないほうがおかしいではないか。

なんだか面倒くさいことになりそうだし、ティラスポリには3時間ぐらいしか滞在しない予定だったので、適当にあしらって駅にある両替所に行った。ティラスポリの街にはたくさん両替所があり、ユーロ、ドル、モルドバ・レウなどが両替可能だ。そこで20ドルを替える。

この国は未承認国家なのに独自の通貨（沿ドニエストル・ルーブル）を発行しているのには驚きだ。コインには旧ソ連の『鎌トンカチ』が描かれている。通貨を造るのには莫大な費用がかかる。中米のパナマやエルサルバドルなどではUSドルをそのまま使用しているし、今回の旅で訪れた未承認国家も、アブハジア共和国はロシア・ルーブル、北キプロスはトルコ・リラ、コソボ共和国はユーロを使用しているのだ。

沿ドニエストル・ルーブル紙幣

野犬が多い街

地図もないし、まったく方向感覚がないので駅を起点に歩くことにする。そもそも俺はかなりの方向音痴で地図が

ティラスポリの町並み。通行人は少ない

あっても迷うというのに、こんな状況で大丈夫だろうか？

日差しが強くなり、帽子を被る。駅前のロータリーは車がほとんど走っていないので、道の真ん中を歩いていると、クラクションが激しく鳴った。振り向くと、猛烈なスピードで車が向かってきており、俺は慌てて避けた。年配の男が俺に向かって怒っている。

そこから街の中心地までレーニン通りに沿って歩くが、古い団地があって人はノンビリとしている。俺には無関心なのか、あまり見てこない。近くにはレストラン、雑貨店、スーパーマーケットなどがある。中を覗くがロシア製の商品が並んでいるものの、特に興味を惹かれる商品はない。

ティラスポリに来てすぐに感じたのは「野犬が多い」ということだった。俺の読者だったら知っていると思うが、俺は犬が苦手で、世界中で野良犬に悩まされている。事前の情報でも「野良犬がやたらと多く、注意した方がいい」「野犬が怖かった」「犬が好きなので近づいたら噛まれそうになった」と書かれていた。そんなことをすっかり忘れてティラスポリにミニバスで向かっている時、車内から恐ろしい光景を見たのだ。５歳ぐらいの子どもと母親がいて、小さな野犬が子どもに吠えた。そして子どもが蹴とばそうとしたら野犬が襲いかかったのだ。たぶん噛まれているだろう。母親が追い払っている時にミニバスは出発してしまったのだが、子どものことが心配である。

歩いていくと、俺のカラータイマーが点滅してきた。街中でかつてこんな危険そうな野犬を見たことはない、野生臭プンプンの野犬が５、６匹で徘徊しているのである。街に存在してはいけないレベルの野犬である。もし、林道を１人で歩いていて出くわしたら大変である。博物館がある公園では、野犬の群れ同士の仁義なき戦いが白昼から繰り広げられ、凶暴な声で吠え立て、地元の人まで危険を察して逃げている。おかげで俺は博物館に行くのをパスする羽目になった。

１年前に訪れた人の情報を頼りに街を探索するが、かなり変わってきているようで、旧ソ連を思わせるポスターや銅像などがなくなっていた。もしかしたら探すことが下手なだけかもしれないが、だんだんと西側に寄ってきているのかもしれない。車のナンバーもモルドバ・ナンバーが多い。

中心から離れている場所に行くと、ロシア系の人たちがたくさんいて、古い公園で子どもたちが遊んでいる。遊具はいつの時代のモノかと思うような代物で、壊れてしまうんじゃな

マフィアという名前のレストラン。なぜ、この名前に？

いかと心配してしまう。子どもたちの遊んでいる姿を見ていたが、世界中、子どもは同じで、無邪気で可愛い。このような平和な風景を眺めていると、なんだか、自分が今、どこにいるのかが、わからなくなってしまう。

首都ティラスポリの街並み

中心地の交差点はかなりの広さなのだが、交通量も人も少ない。信号は最新式で切り替えまでの時間がカウントされるタイプだ。小綺麗なレストランやお洒落なカフェなどがあり、金持ちそうな人がくつろいでいる。少し奥まった場所に行くと、ソ連を連想させる古くて無機質な建物も目につくが、寿司バーや、お洒落な美容院もあるし、新旧両方があって面白い。

広い遊歩道のような場所に入った。小さな遊園地かなと思ったが、団地の横に併設されている旧ソ連造りのマーケットだ。花屋や八百屋、両替所などがある。この両替所ではドル、ユーロ、ロシア・ルーブル、隣国のウクライナとモルドバの通貨が両替できる。一応、円もできるか聞いてみたがやはり無理のようだ。

　このあたりから人がジロジロと見てくることに気付く。だが、話しかけてくる者はいないし、こちらが笑顔で近づこうとしても逃げるというか、避けられてしまう。俺が目にした住人はモルドバ系よりもロシア系ばかりで、ロシアの田舎町のようである。公園のベンチに腰かけている数人に話しかけてみるが、言葉の壁でまったくコミュニケーションはとれない。

ヤシ条約締結を記念したオブジェ

　ここまで歩いてみて俺は街に失望していた。言葉は通じないし、野犬は多いし、特になにかあるわけではないし、頭の中で描いていた『ソ連』でもない。やはり助けもガイドもない状態で、尚且つ、わずか数時間の滞在では限界がある。

　街を歩いていると「１７９２」と書かれている看板が目立つ。昔、南下政策をとるロシアとオスマン・トルコが戦争（１７８７〜９２年）をした結果、１７９２年にルーマニアのヤシという場所でヤシ条約が締結された。これによってオスマン・トルコ帝国からロシアに現在の沿ドニエストルの領土が割譲されたそうだ。

中心地から離れると、このように閑散としている

一昔前は、街にはもっと『ソ連的なモノ』があったらしいが、政府はウクライナ人、ロシア人、モルドバ人をまとめるのに、ソ連的なイメージを利用していたのだろう。

街を歩いても特に貧しさは感じられないし、タクシーがたくさん停まっていて、運転手もコーヒーを飲んでくつろいでいて、全体的にのんびりしている。ソ連の匂いが残る旧共産圏の国というだけで、未承認国家とはとても思えない。警察や軍隊も街中ではまったく見ないし、この国は1995年に憲法も制定しているのだ。本当かどうかはわからないが、憲法上では言論と宗教の自由を保障している。大統領は5年間しか治世期間がないはずなのだが、イゴール・スミルノフという男が1991年以来、ずっと大統領をやっている。噂にすぎないし、モルドバの情報部が悪評をまき散らしているだけかもしれないが、2、3のファミリーだけが、この国を支配しているという。歴史的に見ると、共産圏や、独裁的な国ではそのような例が多いので不思議ではない。

沿ドニエストルは面白い国だ。軍隊、警察、憲法、通貨、外務省を自分たちで持って、実効支配しているのに、国際的に承認されない国なのである。

沿ドニエストルの経済的状況は厳しいようだ。１人あたりのＧＤＰは３９２ドル（２００３年）で、ヨーロッパでは最低クラスである。だが、産業の工場は意外とあり、鉄鋼産業や、ワインやコニャックを製造する企業は成功している。工業生産物の輸出額はモルドバよりも多く、現在、50ヵ国と輸出貿易を行っている。

変な白人がいた

10月25日通りはメイン通りなのに交通量は少ないし、人影もまばらだ。

「やあ、君、さっき会ったね？」

ふと見ると、ティラスポリの駅にいた謎の白人『諜報員』ではないか。なぜ、こんな場所を歩いているのか？　やはりこの男は諜報員で、普通の旅行者とは違う俺の行動、例えば突然、方向を変え、反対を歩く（これはつまり野犬を避けているからなのだが）、とか、やたらと道で立ち止まり、写真を撮るだけではなくずっと建物や人を観察していたりすることなどを見て、『この日本人をマークする必要がある』と判断して後をつけてきたのかもしれない。

俺に対する質問が始まった。急いでいるふりをしながら適当に答えていると、男はカバンから絵葉書や写真や、人形、キーホルダーなどの土産物を出してきた。

「なに、これ？」

「僕、仕事がないので、観光客がいたら話しかけてガイドをしたり、土産物を売っているんだよ。生活に困っているから買ってくれないか？」

なんだ、そういうことか。しかし、欲しいものもないので断ると、

「いいじゃない。この絵葉書なんて1つぐらいあってもいいと思うよ」

と俺の手に絵葉書を持たせようとする。

「やめてくれ。本当にいらないんだよ」

すると、『諜報員』の背後から見覚えのある白人が歩いてきた。

うん？　どこかで見た顔だ。そうだ、キシナウからのミニバスで一緒だった『陰気イギリス人』である。この男は俺を一瞥しただけで『諜報員』と早口の英語で話し始めた。俺は『諜報員』に尋ねた。

「彼とは知り合いなの？」

「さっき道端で話しかけて仲良くなったんだよ」

『陰気イギリス人』の態度も気に入らないし、この場を去ろうとしたが、『諜報員』はしつこくセールスをしてくる。だんだんイライラしてきたぞ。俺が断っていると、その様子を見て

いた『陰気イギリス人』が初めて俺に話しかけてきた。

「君、彼は困っているんだよ。僕も買ったんだから、安いし、購入すればいいじゃない」

なぜこの男にこんな指図をされないといけないのだ。

「お前には関係ないだろ。欲しくないいんだよ」

「君は外国人。観光で来ているんだから、少しはこの国のことを考えて買ってあげればいいじゃない」

こいつ、調子に乗って、勝手なことを言っている。

「あなたはイギリスからなにをしにきているんだ？　セールスの手伝いか？」

「なに、言ってんだよ、観光だよ」

「だったら、レーニン像の写真でも撮っていればいいじゃないか。この男を助けたいのなら首からぶら下げているカメラをプレゼントすればいいよ」

俺はそう言って2人から離れた。

沿ドニエストルの今後

最後に少し不快な思いはしたが、沿ドニエストルの滞在はそれなりに堪能した。責任は取

沿ドニエストルを去る際の郊外の景色

れないので行くことを勧めることはしないが、ティラスポリの街を見る限りは普通の街で、その中をゆったりとした雰囲気が流れている。そしてソ連の匂いと野犬が味付けとして効いている感じだ。

ところで、この妙な国の将来はどうなるのだろうか。ある調査によると、国民の大部分は貧乏なモルドバ共和国には戻りたくないらしい。これがもし『親国』がドイツやフランスであったのなら話は別だろう。

モルドバの軍事侵攻はどうだろうか？ モルドバに金はないし、沿ドニエストルのバックにはロシアがいるから現実的ではない。よって、沿ドニエストルの実効支配はしばらく続くと思われるが、近い将来に各国から承認されるとは考えにくい。当面は現状のまま存在していくものと思われる。

ティラスポリ駅でキシナウまでのチケットを買った俺は行きとは違う大型バスに乗り込んだ。どうしてこんなに大きなバスなのかわからない。案の定、車内を見渡しても30％しか席は埋まっていない。それでもかまわず出発したが、採算は取れるのかと余計な心配をしてしまう。

1時間ほどで国境検問所に到着した。バスの中に係官が乗り込んできてパスポートのチェックが始まった。俺の番になると別紙に貼られているビザを渡し、それだけで終了。

俺はまた良からぬことを考える。行きのミニバスは車高が低かった。写真撮影が見つかったのはそのせいだ。車高が高いこのバスなら手元が死角に入って見つからないかもしれない。係官がバスから降りると俺はカメラを取り出し、急いで撮影した。

胸の鼓動を感じながらカメラを鞄にしまう。そしてあたりを見回す。大丈夫だろうか？

数秒後、バスはゆっくりと動き出した。

隠し撮りです。真似しないように

第3章

失われた街を行く『チェルノブイリ・ツアー』

事故発生日：1986年4月26日
場所：ウクライナ・ソビエト社会主義共和国　キエフ州　プリピャチ（現：ウクライナ　キエフ州　プリピャチ）
強制移住者：数十万人以上

チェルノブイリに行きたい

1986年4月26日、午前1時23分。

当時、ソ連邦だったウクライナのチェルノブイリ原子力発電所4号炉で、試験運転中にメルトダウンが起き、爆発と火災が発生するという大事故が発生した。

俺は当時高校生だったのだが、毎日のようにテレビで事故の様子が報道され、友人たちと恐ろしい出来事に驚愕していた。忘れられない悪夢のような事故なのである。

チェルノブイリ原発所で事故が起こった時、原発所の所長はクレムリン（ソ連共産党の異名）に、こんな嘘の報告書を出した。

『3時半に火災は鎮火しました』

つまり所長はメルトダウンを単なる『火災』と言い、それは『鎮火された』と報告したのだ。

なぜ、こんな重要なことを黙っていたのか？　所長は放射能の恐ろしさをよくわかっていなかったうえ、原発稼働前の不正がクレムリンに発覚することを恐れていたのだ。こんな大失態が明らかになれば彼の平和な生活は終わり、良くて左遷、下手すると強制収容所送りである。

その後、報告は嘘だと判明したが、当時のソ連首脳部は迅速な対応を取ることもせずに、『こんな失態はソ連の威信にかかわる』と、外部には情報を漏らさないようにした。それだけではない。街の電話線も秘密警察に切られ、原発所で働く人たちやその家族、関係者に２日間も内緒にしていたのである。

ソ連が隠蔽をした後、スウェーデンのフォルスマルク原子力発電所で放射能反応が起こった。放射能漏れかもしれないと思って調査したが、ここではない。はて、どこだ？　他の国からも同様の報告が入り、ソ連に事実確認を求めた結果、ついに認めて、世界に発信されたのである。

数ある未承認国家ができた原因の中に旧ソ連、そしてその基幹民族であるロシア人の存在がある。このチェルノブイリのあるウクライナには前述したクリミア問題があり、東部でもロシア系住民が独立運動を展開している。それならば未承認国家繋がりで、ウクライナにも足を延ばしたい。というか、チェルノブイリに俺は死ぬまでに行ってみたかったのだが、経費の問題があり、今回は諦めていた。

編集Mと、今回の旅の打ち合わせを兼ねて２人で飲んでいた時のことだ。奴は言う。

「嵐さん、チェルノブイリにずっと行きたがっていましたね。今回は行くのですか？」

「いや、予算オーバーで残念ながら諦めようかなと」

「今まで頑張ってきたのに、それは辛いですね」

確かに俺の年齢からすると、もう行くチャンスは巡ってこないかもしれない。

「ウクライナは未承認国家じゃないし、他の場所にも行かなければならないし……」

するとMは思いもよらないことを言う。

「では、こうしましょう。チェルノブイリの旅費はこっちでどうにかしましょう」

「え、本当ですか？　でも今回の本には収録できませんね」

「いえ、旧ソ連が起こした事故ですし、ウクライナは未承認国家とも関わっています。載せましょうよ」

俺はそれを聞いて心の中で涙を流していた。なんて嬉しいことを言ってくれるのであろうか。長年行きたかった場所に行けるのである。こんなに喜ばしいことはない。こうして俺はモルドバからウクライナの首都・キエフに飛んだのだった。

チェルノブイリ・ツアー

チェルノブイリ原発所にはツアーでしか行くことができない。事前の情報ではキエフに独立広場という場所があり、そこの周りにはチェルノブイリ・ツアーのブースがあって、簡単に申し込めるということだった。更に4年前に行った旅人によると、バックパッカーが集まる宿でツアーを開催しているという。念のために俺はキエフに5日間、滞在することにした。

キエフの宿には朝8時に到着した。まだチェックインはできないようだが、若くて優しい受付女性は紅茶を出してくれて、「ソファに座ってゆっくりしていて」と言ってくれる。

「この宿でチェルノブイリのツアーはやっていますか？」

俺が尋ねると、彼女は驚くような顔をした。

「え、そんなのないわよ」

宿には各ツアーが記載されているが、チェルノブイリ・ツアーは見当たらない。

オカシイなと思って、近くのバックパッカーが集まる宿に行くが「やってない」と冷たく言われる。どうなっているのか。俺は独立広場まで歩いていくことにした。到着するとかなり大きな広場で、観光客や地元の人が大勢いる。

旅行会社のブースを探すが、どこにも見当たらない。人に聞いてもわからないし、とうとう見つけることができなかった。宿に戻ってスタッフに相談すると、チェルノブイリ・ツアーを専門に行っている会社のパンフレットを探してくれていたようで「私はよくわからないけど、ここにメールしてみれば」と言ってくれる。

「あなたはチェルノブイリに行ったことある？」

そう聞くと、彼女は笑いながら言う。

「ないわよ。危ないし」

俺は自分の部屋でパソコンを開いた。そして旅行会社にアクセスしてみたが、基本的に4日前までに予約が必要で、尚且つ、定員オーバーの場合は受け付けないと書かれている。ちなみに文章は全て英語なので苦手な人はきついかもしれない。

俺はついていた。4日後、つまりキエフ滞在の最終日に空きがあったのだ。もし、夜遅くにホテルに着いていたら、あるいは4日しか滞在予定がなかったらダメになっていたのである。料金は136ドル。デポジットとして36ドルをペイパルで払い、残りの100ドルは現地で払うようである。行くのが楽しみで仕方ない。子どもの時、遠足を楽しみにするような気分に久しぶりになった。

気合の脱出

日本を発つ2週間前から足に違和感があった。それは趣味である散歩ができないほどの痛みと足のだるさで、病院に行こうにも、出発前は多忙でそれは叶わなかった。そして旅は始まり、クリミア共和国に到着してから痛みはどこかに行き、毎日たくさん歩き回っていた。足はいつの間にか絶好調になっていたのだ。そしてキエフに着いてからも街を歩き回っていたが、とうとう疲労からか足が痛み始めていた。そのような状態だったので、チェルノブイリ・ツアーの前日は丸１日部屋で安静にしていることにした。

ついにツアー当日を迎えた。待ち合わせはキエフ駅の反対側で、事前に下見もしている。準備を整え、早朝６時40分に部屋を出る。受付には誰もいない。そこを抜けて階段を降り、宿が入っているビルのドアを開けようとすると……なんと開かないのである。これは一体、どうなっているのだ。外から開かないのならまだわかる。内側から開かないのである。何度も押したり引いたりしてみるがビクともしない。

一旦、宿に戻るものの、スタッフはいない。スタッフルームと書かれている部屋があったのでノックをしてみるが、人がいる気配がしない。宿のスタッフがいないという理由で外に出られないことなどあるだろうか？

俺は他の旅行者が起きてしまうかもしれないという罪悪感と戦いながら大声でスタッフを呼ぶが返答はない。今まで世界中の数えきれないほどの宿に泊まっているが、こんなことは初めてである。夜中ならまだしも朝７時である。もし空港に移動する人がいたらどうするのか。それにしても八方塞がりでどうすることもできない。このままだと、ツアーに参加できず、デポジットも戻ってこない。いや、この際、金はどうでもいい。明日俺はキエフを去るのである。絶対に行きたい場所に行くチャンスがあるのに行けない、つまり生涯悔いが残り、恥ずかしいことである。更にこのツアーは普段世話になっている編集Mのご褒美みたいなものなのである。

時間は刻々と経過している。俺は力任せにドアを開けてみるしかないと思った。階段を降りている時、3階部分に窓があることに気が付いた。開けてみる。下には屋根があり、ハトの死骸が2羽見える。

やるしかない……。外には廃品回収の人が3人働いており、俺の存在には気がついていない。俺は2階の屋根に降りてみた。下を見るが思っていたより高い。一瞬ビビり、どうするか迷う。死ぬことはないが下手すると骨折である。俺も若くないし、ここで病院送りになったとしたら、取材旅行は中止になり、単行本は延期で、その他の仕事先にも信用をなくしてしまう。止めるべきか……。

その時、信じられないことが起きた。俺をここに行かせてくれた編集Mの顔が地面に映って見えたのだ。奴の顔は喜怒哀楽を浮かべず、静かに俺を見つめていた。もう迷いは吹き飛んだ。これは飛び降りるしかない。よし、気合だ。

「イテえ!!」

俺は思わず口に出した。左足首に痛みが走り、少しうずくまる。立てるだろうか? 廃品回収の人たちが俺の方を見ている。このままだと面倒なことになる。やっていることは普通ではない。怪しい東洋人が建物の２階の屋根から飛び降りたのだ。彼らに詰め寄られても、警察を呼ばれても大変である。時間を取られている間にツアーがスタートしてしまう。俺は慌てて、その場を離れた。

ツアー開始

足を引きずりながら急いでタクシーを拾い、集合場所まで向かった。足の方は少し痛むが、どうにかなりそうである。現場には既に20人ほどが集まっていて、ガイドが名前とパスポートのチェックをしている。すると、日本人の女性に話しかけられた。彼女はトモカちゃんという俺と同年代の旅人で、同じツアーの参加者のようだ。日本を発ってから日本語を一度も話していなかったので話せることに喜びを感じてしまう。

ツアーのバスは８時ちょうどに出発した。ガイドは背が低い男で、自己紹介をし、ツアー行程の説明を始めた。チェルノブイリまでは車で２時間ほどかかり、尚且つ見学する場所も多いので、同じ場所に戻ってくるのは12時間後の午後８時だという。ずいぶん長いツアーだ。ツアー一行は、日本人２人、イギリス人の若い男２人、ドイツ人の恰幅のイイ３人組のおじさん、アメリカ人、どこの国かわからない２組のカップルの合計12人である。今気が付いた

検問所で一旦停止

のだが、俺以外、皆、線量計を持っている。これは放射能が、ある数値に達したらアラームが鳴って知らせるものである。ツアーを楽しむ1つのアイテムだろうが、なぜ、俺だけもらっていないのだ？　どうやら申し込みの時に申告する必要があるようだが、持っているのも邪魔だし、数値を自分たちが設定できるわけだから、大した放射線量でなくても鳴るようにしてあるのだろう。

　車内のテレビでは古いチェルノブイリの映像を流している。事故発生から、緊急ニュース、事故後の処理、市民が避難しているシーンに引き込まれる。だが、だんだん映像にも飽きてきて皆、朝が早かったためかウトウトしてきている。外に目をやるが、殺風景な道を車は猛スピードで進んでいく。

　車は「半径30キロ以内立ち入り禁止区域」と書かれた検問所に停まる。今でも事故があった原発から半径30キロの地域では居住が禁止されているのだ。

　検問所には街の地図が描かれ放射線危険地区などが説明されている。係官がやってきて、事前に旅行会社から登録されている名前と各自のパスポートを照らし合わせてチェックする。

廃墟を歩く

ツアーバスは森の入口で停まった。木が生い茂る歩道を歩きながら廃墟を見るようだ。少し歩くと朽ち果てた平屋の家が寂しく点在しているのが見える。この家の人たちは元々農家だったようで、倉庫には農耕機具がある。家の中に入ってみる。その時、線量計が『ビ～ビ～』と鳴り始める。

室内には靴が無造作に置かれている。台所の方にはガスコンロや風呂もあり、子どもの人形が転がっている。事故が発生して2日後に強制退避させられたので荷物も持っていけない状態だったはずだ。すぐに逃げ出したような生活臭が残っている。ここに住んでいた人は今どこで何をしているのだろうか。

それにしても信じられないことだ。常識的な国だったら原発事故のような大惨事が起きた場合、有無を言わせず住民を強制避難させるだろう。だが、それが2日間も事実を

朽ち果てた農家

伏せ、更に避難時には住民がパニックになるのを防ぐためにこう伝えた。

「事故が起こったので2、3日一時退避します。また戻ってくるので貴重品だけ持って、他は家に置いてきてください」

彼らは自分の家に数日で戻れると信じていたという。子どもたちも大事な人形を持ち出す時間もなかったのだろう。

次に消防士のモニュメントに向かった。消防士や労働者は、事故後に復旧と清掃作業を行ったが、とてつもなく高い放射線を浴びて被爆した。

彼らは『リクビダートル』と呼ばれている英雄で、総数60〜80万人である。ソ連政府から表彰され、住居をあてがわれ、高額の年金をもらい、そして無料の医療が生涯約束された。だが、ソ連は崩壊し、経済の低迷が激しいウクライナ政府に引き継がれた結果、年金は大幅に削減され、医療も自己負担が進んでいる。

民家の室内は事故当時のままのようだ

この人たちが命をかけて作業してくれなかったら被害はもっと拡大していただろう。

事故現場の30キロ圏内で廃村になった96もの村の名前が書かれた看板が立ち並ぶエリアは

時間が止まったかのように静かだ。

プリピャチの街

ベラルーシという国はウクライナに隣接している旧ソ連の国である。原発事故ではベラルーシもかなりの被害に遭った。そのベラルーシの国境近くにプリピャチの街がある。実はプリピャチの方がチェルノブイリよりも原発所に近い位置にあるのだ。

線量計。ひっきりなしに鳴っている

この街には当時5万人ほどの労働者、原発関係者、その家族が住み、この地域一帯には13万5000人がいた。彼らは全員が、事故から2、3日後に避難させられた。

元々、プリピャチは近くを流れるプリピャチ川からその名が付けられ、1970年にチェルノブイリ原発所の従業員居住区として森を切り開いて造られた街だ。

当時プリピャチの存在は国家機密だったが、街中には近代的なエレベーター付きの高層マンションや、病院、カル

オープンすることなく廃園になった遊園地

チャーセンター、公園などさまざまな施設があって住民が平和に暮らし、3万本の花が咲き誇り、緑豊かな美しい街だったのだ。

街に到着した。広場の時計塔は事故が起きた1時23分を示したまま止まっていて、不気味な静けさがある。マンションやバス停などが見える。周囲は草木が覆っているが、かつてのメインロードもある。道路の状態を見るが、少ししかヒビ割れしておらず、現在でも使えそうだ。

遊園地に辿り着いた。線量計がうるさく鳴っている。若いイギリス人が土に測定器を近づけて、「ここに放射能が多いね」と言っている。

遊園地には観覧車やメリーゴーランドなどが見え、チケットを買うブースもある。ガイドによると遊園地は5日後に開業をひかえていたようだが、そのまま朽ち果てていて悲愴感が漂う。住民はとても楽しみにしていたのだが事故が起きてしまい、一度も使われることなく閉園したのだ。俺の頭の中でこの遊園地で遊んでいる住人の姿が思い浮かんでしまう。

次に向かったのはカルチャーセンターである。住民の憩いの場であった場所で、当時の映像を見ると、プールで泳いだり、バスケットなどをしているシーンがある。建物内に入ると、どれも朽ち果て、足元にはガラスの破片やら紙屑、木材、プラスチックなどが散乱している。まず、体育館を通る。２階部分は見学できるようになっており、体育館全体がそのまま朽ち果てているのだ。圧倒的な迫力に息が詰まるようだ。

朽ち果てた体育館

次に向かうのは学校である。基本的に参加は自由なので、足が悪い人や疲れている人は車で待機していてもいい。ドイツ人の太った３人組は早くも疲れたのか待機するらしい。そういえば、俺の足の方はアドレナリンが出ているのか、少し痛む程度で、普通に歩くことができる。

校舎内に入ってみる。廊下は薄暗くて足元が悪い。ある部屋にはガスマスクがたくさん積まれていた。最初、使用したマスクが捨てられているのかと思ったが、少し考えてみれば使用済みのマスクは放射能に汚染されていて危険なはずである。俺の憶測だが、新たな観光地にしたい人たちが、注目を集めたり、有名な場所にするために故意に置いたのではないかと思う。

教室に入ってみると、埃にまみれた机の上に教科書が置かれている。床にはガラスやゴミが散乱していて、窓もことごとく割れている。その疑問をガイドにぶつけてみると、恥ずかしそうに言った。

「無法者がやったんです。事故が起こり、誰もここからいなくなった。それをいいことに放射能の怖さを知らない不良や無法者、警察から追われている者たちがたくさんやってきて、しばらく住み着いたんです」

彼らはモノを奪うだけではなく、窓ガラスを壊したり、好き放題やっていたようだ。

それにしても事故の後、この街にやってくるとは命知らずだ。だが、無法者だけでなく、街の人たちや原発関係者も放射能に対する知識は非常に乏しく、事故後の対応を間違えて被爆する人が増えてしまった。

「てっきり、爆発による爆風で、窓ガラスが割れて、物が散乱していると思いました」

「事故現場から3キロ以上も離れているからそれはありません。でもこんな事故の時にそんな連中がいたと思うと、同じ国の人間としては恥ずかしいです」

冷戦時代のレーダー基地

次に向かったのは巨大なアンテナのような形をした謎の建物。ビルの足場に組まれているような鉄筋がいくつも重なり、巨大である。それが何ヵ所もあるのである。一体これはなんだろう？　ガイドによれば、高さは２００メートルあるらしいが、もっと高く見える。１人乗りの小さなエレベーターがあるが、もちろん現在は使用されておらず、錆び付いてボロボロになっている。

とてつもなく巨大なレーダー基地

「この鉄筋の建物は一体なんですか？」

そうガイドに尋ねてみる。

「レーダー基地の跡地です」

え、これがレーダー基地だと！

ガイドに尋ねたことをまとめると、ＤＵＧＡ３と呼ばれるこのレーダー基地は冷戦時代に活躍していて、存在自体が極秘だったようだ。アメリカやＮＡＴＯ軍の情報や、敵のミサイルを探知するための軍用レーダー・システムだったという。現在はもっとコンパクトに製造できるが、当時の技術力ではこれほど大きくするしかなかったようだ。電力をかなり消費するのでチェルノブイリ原発からエネルギーを供給されていた。原発事故の後は他の施設と同様に、そのまま放置されているという。

チェルノブイリ原子力発電所

原発所に到着した。作業員や兵士が入り口付近で20人ほどたむろしている姿が見える。それにしても線量計の音がうるさい。そもそも、本当に危ない場所だったら、ツアー客は入れないはずである。持っている人たちも音に飽きたのか、辟易しているようだ。

この原発所は、1978年5月に1号炉が運転を開始した。そして1986年4月26日、4号炉がテスト中に大爆発を起こした。建物を吹き飛ばし、世界中に放射能をまき散らした。

チェルノブイリ原発外観

現在、原子炉はどうなっているのか？　放置したままでは危険なのでコンクリートの石棺で塞がれている。この石棺も老朽化が進んでいるが、高さが108メートルの巨大なアーチ状のシェルターが完成間近で、老朽化した石棺を上から覆うようだ。それでも耐久年数は

１００年ほどで、気が遠くなるほどの年月を同じことを繰り返すしかない。

「これが『新石棺』なのか」

俺は思わず独り言を呟いてしまう。

何も知らなければ新石棺は、競技場の外観にも見えてしまう。壊れた原発は今も金をかなり使うし、完全停止させることはできない。壊すことも、埋めることも無理だ。廃炉に向けた作業が続けられているというが、溶けた核燃料を取り除く技術がないので、めどはたっていない。安全確保のため、３０００人以上の作業員が今も原発所で働いている。

原発を後ろから見たところ。新石棺で覆われようとしている

無人の団地

プリピャチはかつて原発所関係者や、その家族が住む街であった。そこの廃墟になった団地に上がれるというので行くことにした。ガイドが言う。

「エレベーターは動かないし、13階以上も階段で上がるのでつらい人は来なくてもいいですよ。行かない人は車で待っていてください」

ドイツ人のグループはさっそくリタイア。実は俺も左足が痛みはじめ、少し躊躇したが、トモカちゃんが気合を入れてくれる。

「嵐さん、本を書いているんでしょ。疲れたとか、足が痛いとか言ってないで行かなきゃダメじゃない」

プリピャチは原発所に近かったため、全員退去して無人になってしまった。郵便番号も消滅し、現在は使われていない。

階段を上り始めた。エレベーターは壊れたままで、上から覗き込むとエレベーター本体が今にも真下まで落ちそうな状態になりながら4階のあたりでぶら下がっている。

各部屋のドアが開けっぱなしなので覗くと、風呂、トイレ、居間などがあり、子どもの人形や食器などもある。政府は住民に「3日でまた戻ってきます」とウソを言ったので、家具などはそのままになっているはずだが、撤去されている。放射能に侵されたモノはソ連政府が処分したらしいのだが、何かオカシイ気がする。なぜ、そんなことに手間とお金をかけるのだ？　団地内にも明らかに無法者が荒らした痕跡があることから、テレビや金目のものは、ほとんど彼らに盗まれてしまったのではないかと考えてしまう。

チェルノブイリに関する昔のテレビ映像を観たが、25年ぶりに、かつて住んでいた団地の部屋に戻ってきた男性は、変わり果てた街と自宅を見て呆然としていた。そして生まれたばかりの子どもが使用していた哺乳瓶や、コップを見て「洗ったら放射能は落ちて使えるかな」と言っていたが、家具やテレビはなくなっていた。

もうあってはいけない原発事故、彼らの生活や人生は全て変わってしまったのだ。

部屋を見たり寄り道をしながら、どんどん階段を上っていく。かなりツラくて、話す気にもなれない。それにしても、このツアーはボリュームたっぷりである。俺のようにチェルノブイリに興味がある人には最高だろう。調べると、2015年のチェルノブイリ・ツアーの参加者は1万7000人だという。有名な観光名所が少ないウクライナにとって、チェルノブイリを観光地化していくのは、事故を風化させない意味も含めいいことだと思う。

悲しい虐殺の過去があるカンボジアのキリングフィールドやポーランドのアウシュビッツ収容所もかつて俺が訪れた約20年前には観光地としては認知されていなかったが、現在では認知されているのはもちろん、連日大勢の観光客が訪れている。チェルノブイリも10年後にはそうなっているかもしれない。

屋上に到着した。地面に苔などが生えているので少し滑りやすい。ここから街が一望できる。景色はなかなかいいではないか。原発所や、新しいシェルターも見える。それにしても、無人の団地が並び、人の姿はまったく見えない。人工的な街に人が住んでおらず、草木が人間

木が生い茂った街

の抵抗を受けることなく自然に生えている。

しばらく眺めているが、今までに見たことのない、絶景が体にどんどん染み込んでいく。人類が滅び、ここにいるメンバーだけが生き残っている場合、こんな眺めになるのだろうか。

第4章 ほとんどの日本人が知らない『アブハジア共和国』

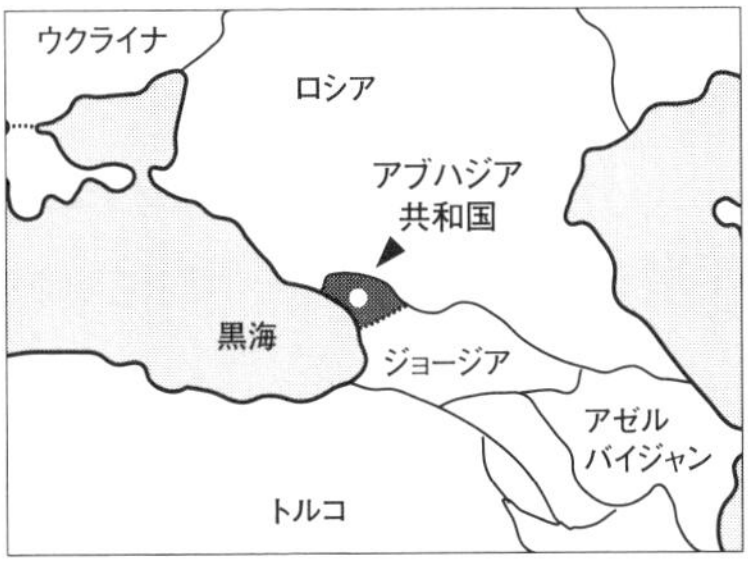

面積：8,660km^2
人口：約24万人（2011年）
首都：スフミ（※○の場所）
通貨：ロシア・ルーブル
承認している国：ロシア、ニカラグア、ベネズエラ、ナウル

警察権の及ばないアブハジア

２０１５年にグルジアの国名表記が、ロシア語表記から英語表記に基づく『ジョージア』に変更されたのを知っているだろうか？

ジョージアの印象は正直言って、格闘技が強い旧ソ連の国だというものしかなかった。

そのジョージアの最西端に位置し、黒海の北岸に面している未承認国家――アブハジア共和国。そこはどうやら、北のカフカス山脈をロシアとの国境としているらしい。

俺の旅仲間は１００ヵ国以上を訪れたことのある人が多いが、その誰もが行ったことがないアブハジアは、情報も極端に少なく、正直俺もよくわからない。ただ1つわかっていることは、入国するためには入国許可書が必要で、入国したら48時間以内に首都のスフミにある外務省に行ってビザを取らなければならないということだ。それをしないと不法滞在になって捕まってしまう。もちろん日本大使館はないので、トラブルに巻き込まれたら非常に厄介らしく、パスポートを盗まれたある欧米の旅行者はＮＧＯ関係者に助けを求めてどうにか出国できたそうだ。タクシーも平気でぼったくってくるらしいし、スリなども多く、治安もよくないと聞く。どうやら、ジョージアの犯罪者が、警察権の及ばないアブハジアに大勢逃げて来ているらしい。

通貨はロシア・ルーブルでロシアの影響下にあり、国内もキナ臭さそうである。こんな国に行って大丈夫なのか？　世界の危険地帯と言われる場所に行くよりも不安である。今までに訪れた危険地帯は日本大使館があるし、情報もそれなりにあるので、『逃げ道』があったが、今回はそれもない。

だが、「未知なるモノを知りたい欲求」が俺の心に強くあり、パワーが出てきて、ウキウキはしてくる。とりあえず、俺はアブハジアに入国するために、まずは空路でジョージアの首都トビリシに向かった。

アブハジアの入国許可書

ジョージアの首都トビリシに４日間滞在した俺は憂鬱であった。

ウクライナの首都キエフでチェルノブイリ・ツアーに行く際に、２階の屋根から飛び降りたことが原因で、左足首がかなり痛いのだ。部屋でひたすら安静にしていたのだが、翌日にはアブハジアの国境近くの街、ズグジジに移動しなければならない。

アブハジアを旅行するためにはビザが必要である。だが、他国には大使館がないのである。

どうやって入国し、ビザを取るか順序立てて説明する。

アブハジアの国境を越えるためには入国許可書が必要で、ネットからアブハジアの外務省にアクセスし、必要事項を記入してそれを送らなければならない。およそ5日後に許可書が送られてくるのでそれを印刷して持っていく必要がある。その入国許可書には「入国日」と「出国日」がしっかり記入されていて、予定変更をするのは不可能である。そのため倒れようが足が痛かろうがとにかく「入国日」に国境に辿り着かないといけないのだ。

入国許可書を見せて国境を越えられたら、首都のスフミにある外務省に赴き、営業日を除く48時間以内にビザを取得しないといけない。

出発前夜、行くことが不可能かもしれないと思えてきた。なにせ、夕食を食べにレストランまで10分の距離を歩くのが精一杯なのだ。リュックを背負ってバスターミナルに行き、バスに乗って6時間。そこから宿を探すことを考えると、今の足の状態では難しいとしか言えない。そのことを編集Mにメールで告げるとすぐに返信があった。

「足は大変ですね。私も心配しています。無理をせずにしっかり治してください。アブハジア行きですが、嵐さんの体が一番大切です。でも読者に『ウクライナで、2階の屋根から飛び降りて足を挫いてアブハジアに行くことができなかった』なんて伝えるのは、とても恥ずかしいことですよね」

もう、これは行けと言っているのと同じではないか！　腹の底から悔しさが込み上げてくる。こうなったら鎮静剤を飲みまくり、金の力に任せてでも這ってでも根性と気合でアブハジアの地を踏まなければならないと心に誓った。

当日を迎えた。アドレナリンが出ているのか、足の痛みは少し治まっているように感じる。俺は鎮静剤を飲んでバスターミナルに向かった。

乗り込んでから30分後にミニバスは出発した。車は平坦な道を進みながら飛ばしていく。そして、気持ちよくなって、ついウトウトしてしまう。

周りは山ばかりになり、今までと景色はうって変わり、クネクネ道になった。そしてロマの母親と8歳くらいの子どもを途中で乗せた。ロマの母親は携帯でずっと話をしているのだが大声でうるさい。子どもの方は教育がなっていないのか、ゴミを車内に平気で捨てるし、足元に置いてある俺のリュックを土足で踏んでくる。狭い車内で注意しても無駄だと諦めているうちに再びウトウトしてしまうのだが、道が悪いために窓に頭を打ち付けて起きるはめになる。

ヒドイ道だなと思っていると、突然、甘酸っぱい匂いが車内に立ち込めた。他の乗客はいつの間にか携帯で話すのを止めていたロマの母親の方をチラチラと見ている。うん？　何気なく見ると、彼女はビニール袋の中に吐いているではないか。途上国の人は車に慣れていない人が多く、山道ではこのような状況をよく見る。

親子は10分後、小さな町で降りたが、吐瀉物入りのビニール袋は車内に取り残されていた……。持って帰れよ！


ズグジジの宿は愛想のいいオバちゃんが1人で切り盛りしていた。大きな邸宅を改造し、3部屋だけゲスト用の部屋にしているようだ。足がまた痛み出したので食事以外は部屋で安静にすることにした。オバちゃんに明日、アブハジアに行くことを告げると、笑顔を見せながら言う。

「私も行ったことがあるわ。スフミは廃墟が多いけど綺麗な街よ」

「オバちゃんはジョージア人でしょ？」

「そうよ。元々はジョージアとアブハジアは同じ国で戦争までしたけど、あの国は好きよ」

「宿泊客でアブハジアに行く人はいるんですか？」

「最近、やたらと増えてきたわね」

これは意外である。かなりマニアックな場所なのだが。

「日本人はいます？」

「日本人はいないけど、フランス、イギリス、ドイツ、ロシアの人が多いわね」

ついでに国境まで行く簡単な方法を尋ねたが、タクシーで行くのがベストのようだ。

アブハジアへGO

朝9時とはいえ、6月を迎えようとしている日差しはなかなかキツイものがある。俺は重いリュックを背負い、サブバックを前に抱いて出発した。痛めていた足は安静にしていたせいか、ずいぶんよくなっている。タクシーを拾い、イングリという街まで向かう。道は空いていてスイスイと進んでいくが、俺の緊張は高まっていく。『スフミ』という標識が目がつく。ジョージアにとってアブハジアの首都であるスフミはあくまで自国に位置しているので、標識が出ているのだ。

中央の標識が『スフミ』

出発から5、6分が経過しただろうか。

「着いたよ。タクシーはこれ以上、進めないんだ」

タクシーの運転手が言う。

そこは駐車場のような場所で、ミニバスやタクシー、そ

国境検問所の近く。車の侵入を防ぐバリケードと、その向こうに地元の人の足である馬車が見える

してアブハジア側の国境検問所まで行く馬車が4、5台停まっている。普通、国境というものはゴミゴミしていて活気があり、治安も悪そうなイメージがあるが、イングリの国境は人も少なく、とにかくのどかだ。

ジョージア側の国境検問所に行ってみるが、中には2人いて、フレンドリーに接してくれる。そして簡単な質問をされて終わり。ジョージアからしてみれば、アブハジアはジョージア領土の一部で、国としては認めていないのでスタンプなどは押されない。あくまでもジョージア国内の移動扱いなのだ。気をつけないといけないのは、ロシアからアブハジアに入国し、そこからジョージアに抜ける場合である。アブハジアからジョージアに入る際、ジョージア側の検問で不法入国扱いになる。「入国した証拠がない」と言われるのだ。だからロシアからアブハジアに入る場合は、ロシアに再び戻るのが賢明だ。

ジョージア側の国境検問所からアブハジアの検問所までは1キロ弱ある。基本的に歩いて行かないといけないようだが、地元のオバちゃんや、荷物の多い人は馬車を使っている。俺も足が心配だったので馬車の選択肢も考えるが、歩きながら写真を撮りたいし、そもそも馬車で商売をしている人たちはやる気がなく、タバコを吸いながらダラダラと仲間と話していて、俺のことを無視している。

歩き始めたが、馬糞があちこちに落ちていて臭い。道は舗装されていて、時折、車が走っていく。両側は森になっていて、田舎の山道を歩いているようだ。大きな銃の銅像があったり、ジョージア軍の小さな基地などがあり、大きなテントの中で警備しているジョージア兵が珍しいモノでも見るような目を俺に向ける。

歩いてアブハジアの検問所に向かう

ジョージア軍が警備している地帯を抜けるとブロックが積み重ねられていて、車両の侵入を防いでいる。そんな光景を見ると、自然と緊張が高まってくる。更に進むと汚い橋があり、水量の少ない川が流れている。ゆっくりと歩きながら景色を見るが、山並みが実に美しい。そしてその山並みを背景に、アブハジアの国旗が空にはためいた。とうとう、謎の国家・アブハジア共和国に入ったのだ。

アブハジアはモスクワ時間を採用しているので、１時間、

右下に見える小さな小屋が国境検問所

腕時計の針を戻さないといけない。時刻は9時45分なので8時45分にする。1時間得した気分になり、この調子だとスフミの宿には12時過ぎに到着できるに違いない。

アブハジアの国境検問所が近づいてきた。小さくて粗末な掘っ建て小屋のような建物だ。そこにはアブハジアの軍服を着ている2人の男の姿が見える。周囲には馬車が待機していて、アブハジアからやってきた客を乗せている。

俺はウエストポーチから入国許可書と、パスポートを取り出した。この入国許可書で本当に通してくれるだろうか？　状況が変わっていて入国拒否されてしまうかもしれない。許可書に改めて目をやるが、キリル文字で書かれているので読むことはできない。

深呼吸をして検問所に向かった。窓口のガラスは割れていて、そこからパスポートと入国許可書を渡すと、係官はロシア語で何か言ってきたので「英語は話せますか?」と尋ねたが、鉄仮面のような表情のままロシア語で返してくる。俺は精一杯の笑顔をつくるが、非常に感じの悪い態度で接してくる。更に割れたガラスを指さしながら、おそらく「お前、入国審査をするのに、こんなところから顔を出すのか？　正面はこっちだよ」と怒った顔で言う。オカシイとは思っていたが、彼の正面に立つと、汚れているガラスの下にわずかな穴が空いている。まるで、パチンコ屋の換金所のようだ。

俺の他にこの検問所を使っている人はいない。ここで手続きする人はジョージア、アブハジア以外の国籍の人なのだが、こんな国にやってくるモノ好きは少ないのだろう。係官は俺のパスポートを入念にチェックしている。人を舐め、更に威嚇するように質問をしてくるが、俺にはわからない。『わからない』というジェスチャーをすると、質問は諦めたようだ。

次に入国許可書を調べている。別紙に今日の入国予定者の名前が書かれているらしく、名前と許可書に付いている番号を照らし合わせている。今はどこもコンピューターなどで簡略化されているのに、かなり時代遅れだ。

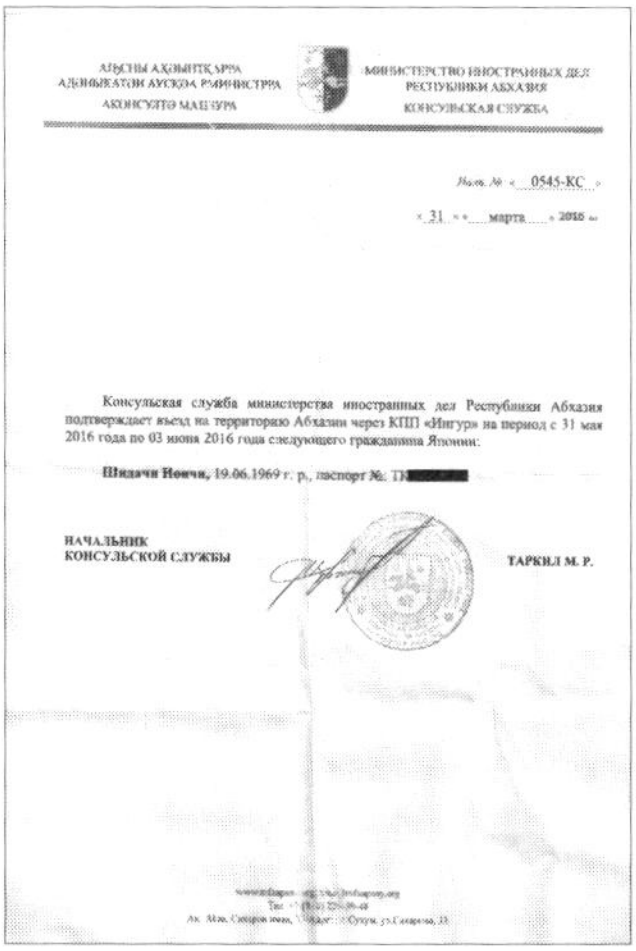

МИНИСТЕРСТВО ИНОСТРАННЫХ ДЕЛ
РЕСПУБЛИКИ АБХАЗИЯ
КОНСУЛЬСКАЯ СЛУЖБА

Исх. № « 0545-КС »

« 31 » « марта » 2016 г.

Консульская служба министерства иностранных дел Республики Абхазия подтверждает въезд на территорию Абхазии через КПП «Ингур» на период с 31 мая 2016 года по 03 июня 2016 года следующего гражданина Японии:

Шидачи Коичи, 19.06.1969 г. р., паспорт №: [redacted]

НАЧАЛЬНИК
КОНСУЛЬСКОЙ СЛУЖБЫ　　　　ТАРКИЛ М. Р.

アブハジアの入国許可書

この状態で5分経過。荷物は持ったままなので、だんだんと疲れてくる。俺の番号が別紙に書かれていないのか、なにか俺に言ってから電話をかけ状況を聞いている。これだから信用ならないのだ。何かの手違いで、入国できないかもしれない。

5分後、係官があったという表情をして、許可書とパスポートを返してくれた。

俺はロシア語で「スパシーバ（ありがとう）」と言うものの、相手は一言も発することもなく、無表情でバカにするような眼差しを向けてくる。彼にも家族や友人がいるだろう。一体、どのような生き方をしたら、長い距離をかけてやってきた旅人にこんな態度を取ることができるのだろうか。

しかし、予想していたことなので腹は立たなかった。それよりも難関を切り抜けたのでホッとした。さあ、バスに

検問所を抜けたが、その先にロシア軍の検問所がある

乗ってスフミに行くぞ！
うん？　これはなんだ。その先にはもう1つ検問所があり、ガタイのいい2人のロシア兵が俺を睨んでいる。ロシア兵がこんな場所にいるのかよ。俺はどうすればいいかわからず、若いロシア兵に笑顔を浮かべたが、鋭い目で見返してくるだけだ。鉄柵のところに出口があったので、そこから出ようとすると後方から大声が聞こえた。

「○×▽◆!!」

ロシア語に続いて「ストップ！」という英語が響く。

反射的に振り向くと、怒ったように「こっちの検問所に行け！」と言う。

そんな態度はないだろう。標識もインフォメーションもなく、不親切な人間に囲まれ、わけがわからずに出口に向かっただけなのだ。その態度にだんだんと腹が立ってきた。俺はロシア軍の検問所を指差しながら「ここでチェックするんだな」と強めに言う。

「さっさと行け！」

その時、俺は3人のロシア兵に囲まれていた。なんなんだよ、こいつらは。

ロシア軍の検問所まで行き、パスポートと入国許可書を係官に渡した。アブハジアのチェックの後に、ロシア軍のチェックを受けなければならないとは、この国はロシアの植民地のようだ。

俺がロシア語を話せないことがわかると、東洋系の係官に代わった。彼の英語は堪能だし、同じ東洋人なので少し安心感を覚える。俺の隣にはいつの間にか、小柄なロシア兵がぴったりとついている。彼も英語がペラペラで挟まれるように質問をされる。

なぜロシア兵がこんなところで偉そうにしているかと言うと、ロシアはアブハジアとジョージアの戦争に加担し、停戦後に堂々と『平和維持活動』として国際的承認のもと居座ることができたからだ。軍を駐留させることで、その国や周辺国に影響力を発揮することができ、ロシアにとって大きな利益を得られる。

2人のロシア兵からの質問攻めに耐えたが、小柄な方が面倒なことを聞いてくる。

「あなたの職業はなんだ?」

少し黙っていると、彼は続けた。

「ジャーナリストか? それだったら別の許可書が必要だぞ」

俺はアブハジア大使館の入国許可書には『会社員』とウソを書いていた。それにしても、この男はどうしていきなりジャーナリストか? と聞いてくるのか。自分の身元がバレているようで気味が悪い。

なぜ職業を会社員と書いたかというと、作家、マスコミ関係者はジャーナリスト・ビザが必要で、面倒だと思ったのだ。無職と書こうかとも考えたが、この歳で、旅ばかりしていれば怪しまれる。どんな国かわからないし、会社に連絡されるかもしれないので、知り合いの会社に事情を説明し、俺はそこの社員ということにしてもらった。

「何をしている会社だ?」

「IT関係だよ」

これ以上はヤバイ。相手がその分野に詳しかったらボロが出る。

「エンジニアだね？　具体的に何をしてる？」

「エンジニアではなく、会社の営業だよ」

それから俺はピンチの時に逃げ切る方法としてよく使う『早口&自分だけの独特のセンテンス』でまくし立てた。これは相手が聴き取るのが大変だし、ネイティブ・スピーカーの人にとっては『こいつはあまり英語ができないし、よくわからないから面倒くさい』というイメージを植え付けることができる（俺が勝手に思っているだけだが）。

この作戦が功を奏したのか、2人の兵士は「もういい」と言ってパスポートを返してくれた。入国許可書はここで取られるようだ。え、頼みの綱がなくなったよ。スフミに到着後、外務省に行って、ビザを取りに行かなくてはならないので、まだ必要だろう。こんな時のために、俺は1枚でなく2枚印刷して持ってきたが、正解であった。現地では印刷できないと考えていいので、なるべく多く持って行った方がいいかもしれない。

それを抜けると、荷物検査がある。太ったロシア人のオヤジ兵と目が合った。因縁をつけられてモノでも取られるのではないかと危惧したので、小便をしたいふりをして、「トイレを貸してくれ」と言うと、オヤジは冗談じゃないという素振りで「さっさと行け！」と言った。うまく外に出ることができた。

スフミの宿でトラブル

ミニバスに乗り込むとすぐに出発した。あと2時間経てばスフミに着くのだ。不安もあるが、自然と気分が高揚してくる。

出発して15分でガリという街に到着した。見たところ、特徴のない小さな街だが、聞くところによるとかなり治安が悪く、ジョージアの犯罪者が逃げてくる場所らしい。

車内には音楽がかかっているが、ホテル・カリフォルニアなどのアメリカの懐メロばかりで、途中で飽きてくる。

そんな音楽を聴きながら舗装されている道を進む。アブハジアの国土は山岳地帯が多いが、このルートは比較的平地を通るようだ。

アブハジアは気候が温暖で、ロシア帝政やソ連時代にはガグラなどのリゾート地が保養地として知られていた。その気候を生かして、茶、タバコ、果物、ワインなどが作られている。

人口は、戦争や貧困が原因で流出が続き、約24万人（2011年2月の国勢調査。アブハジア国営通信社アプスニイプレスの報道）しかいない。また同じ国勢調査の人種構成では、アブハジア人が50・7％、アルメニア人が19・2％、ジョージア人17・4％、ロシア人が9・1％となっている。

調べていくうちに面白いことがわかった。ソ連時代の最後の国勢調査が１９８９年に行われていたのだが、驚くことにこの時のアブハジアの人口は現在の倍以上、約52万人いたのだ。そのうちの48％がジョージア人。アブハジア人が17％でロシア人、アルメニア人、ギリシャ人などが少数民族として居住していた。

人口減少の原因は、１９９０年代初頭にジョージアからの独立を求めるアブハジア紛争が勃発し、危険を感じた80％以上のジョージア人が国外に脱出したことだろう。平穏な生活を求めるアブハジア人や他の民族の人たちも国外に脱出した。また、本当かどうかは定かではないが、ここまで多くのジョージア系住民の減少にはアブハジアによる民族浄化が存在しているからだと指摘する声もある。

途中、アブハジアの旗が堂々と翻っているのが見える。国旗に目をやるが数字の７にこだわっているようだ。白と緑で描かれた７本の線と７つの星があり、その星は歴史的に重要な７つの地域を表しているらしい。聖書の中で７はパーフェクトを表しているようで、アブハジアでも聖なるものとして好まれている。

気がつくとスフミの街に入ったようだ。街はなんだか殺風景で、人も建物も密集していない田舎の街というイメージである。乗客が次々に降りて、とうとう俺と30歳ぐらいの運転手だけになった。運転手は言葉が通じないものの、宿の住所が書いてあるバウチャーを見せると人に尋ねて一生懸命に探してくれる。

車は海岸沿いの住宅街に入る。宿はこの周辺にあるようだが、場所を特定することができない。気温はどんどん上昇し、自然と汗が出てくる。はたして宿は見つかるのだろうか。もしかしたらつぶれてしまったのではないか。そんな不安が頭をよぎる。

車は止まり、運転手が言う。

「ここだよ」

オカシイな。事前にゲストハウスの周辺の景色などを頭に入れておいたのに少し違う。

「ここでいいの?」

確認をするが、運転手は白い建物を指さしながら言う。

「あの建物の裏にあるから心配するな」

運転手は俺のことを心配してくれる優しい男であった。お礼を言って建物に向かうが、入口はどこだろう。裏門から入るのだろうか。人に聞こうにも誰も歩いていないし、向かいの家の番犬が激しく吠えている。俺は恐る恐る裏門を開けてみる。するとそこは大きな中庭があって、くつろいでいた白人の旅行者たちが俺に怪訝そうな顔を向ける。シーツを持っている若い女性が英語で「お客さんですか?」と尋ねてくる。

「はい、予約しているものです」

バウチャーを見せる。

それにしても違和感が消えない。写真ではこんな宿ではなかったはずだ。でも運転手が間違えるはずはない。女性についてフロントまで行くと、女性は俺のバウチャーをまじまじと見ている。俺としてはさっさと荷物を置いてビザを取りにいきたいのだ。しかし、女性は衝撃的なことを言った。

「あれ？　間違えているわ。あなた、違う宿に連れてこられたみたいよ」

「え、どういうことですか？」

「あなたが予約した宿はここじゃないのよ」

目の前が真っ暗になった。なんてことだ。だが、女性は救いの言葉を言ってくれる。

「心配しないで。私が車であなたの予約した宿まで連れていってあげる」

なんて優しい人なのだ。宿の周辺は車がまともに通らない。俺は地図も持っていないし、言葉も通じない。こんな場所で宿を1人で探すほど怖いものはない。もしこの女性に「さっさとここを出て宿を探しなさい」と言われたらどうしようもない。

駐車場にある車の前で待つように言われたので待機していると、車はかなりの高級車である。この女性は宿を経営していて、こんな車に乗っているのだ。アブハジアは貧しい国だというイメージを持っていたが、それがいきなり崩れていく。

10分ほど待っていると、旦那と思われるロシア系の男性がやってきた。その後ろには親切な女性と、その妹と思われる女性、そして10歳ぐらいの息子が海水浴に行く格好でやってきた。本当に申し訳なく思う。彼らはこれから海水浴に行く予定なのに、俺のために時間を割いてくれるのだ。ふと、家族を観察すると、ロシア系の旦那を除く3人は東洋系なのである。最初に女性と話したときは俺も必死で気にも留めなかったが、妹もそうだし、息子はハーフ顔だが東洋系が強い。

車は出発したが、住所に書いてある場所を人に尋ねても一向に到着しない。街を走りながら思ったが、首都といっても高層ビルが乱立しているわけではないし、近代的な建物も見えないし、素晴らしい歴史が刻まれた建造物があるわけでもなく、廃墟と空地ばかりの地方都市といった感じだ。人口密度は低く、空地がとにかく多い。車で走っていても殺風景である。

旦那の方は完全に場所がわからなくなったようで、レストランの外でタバコを吸っているスタッフに尋ねている。レストランは高級そうな寿司バーである。ここ最近、日本食ブームで世界中で寿司バーを見かけるが、こんな場所にもあったのか。結局、ここのスタッフもわからず車は出発。これはヤバいな、そもそも宿なんか存在しないのではないかと、不安になってくる。

旦那はかなり困っているようだ。俺の隣に座っている子どもは早く海に行きたいのだろう、イライラして母親に文句を言っている。そんな姿を見ていると、どんどん焦ってくる。頼む、俺を見捨てないでくれ。

「そうだ、タクシーの運転手に聞いてみよう」

旦那はそう言って、タクシーが停まっている場所に行き、運転手に住所を見せて聞いている。そもそもこの住所が間違っているのかもしれないと思った。そして、俺はあることを思い出した。日本にいる時、スフミでの滞在のことが不安であった。地図もない場所で宿に到着後、すぐビザを取らないといけない。俺はネットでスフミの地図を印刷していた。その地図の宿と外務省の場所に赤く印をつけていたのだ。俺はその紙を取り出して、旦那とタクシー運転手に見せた。すると２人は声を揃えて言った。

「なんだ、あそこだったのか。全然違う場所を探していたよ」

俺が初めから見せれば問題なかったのである。

車を走らせると、５分で宿は見つかった。それにしてもこの家族は優しかった。わけのわからない日本人旅行者が自分たちの宿にやってきたと思ったら、場所を間違えていた。かわいそうになって、一生懸命に探してくれたのだ。自分たちはこれから海水浴に行くというのに。

とても嬉しかった。俺が「スパシーバ！」と言うと、なぜか皆、大笑いしている。宿に荷物を置いて再び戻って写真を撮ろうと思ったらもう彼らは車に乗り込んでいて「良い旅を！」と行ってしまった。

面倒なビザ

予約していた宿は家族経営で、オーナーは気立てのいいオバちゃんだった。言葉は通じないもののコーヒーやお菓子を「どうぞ、疲れているでしょ」といった感じで出してくれる。宿を切り盛りしているのはオーナーの娘なのだが、彼女はとても元気があり、面倒見がよく、俺の方が年上なのだが「姉さん」と呼びたくなってしまう。彼女にも言葉は通じないが、スマホの翻訳機を使って俺に伝えてくる。

「ビザはこれからか？」

「そうです」

「必ず取るように。そうしないと厄介なことになって、宿も制裁を受けるのよ」

なんだか怖い国である。俺がもし、48時間経ってもビザを取らなかったらどうなるのだろうか？　想像してみた。

1・宿でもビザを確認されるので、宿を追い出されるか、警察に通報される
2・街で職務質問されて、ビザがなかったら、警察→留置所である
3・いずれ、この国を出国するわけだが、国境検問所でスパイ扱いされて逮捕される。この際、ロシア軍が管理しているので厳しい尋問を受ける

気立てのいいオーナー

想像するだけで怖くなってきた。すぐにビザを取りにいこうとすると、『姉さん』は思い出したように言う。

「この宿の近辺は強盗が増えているから気をつけてね」

一見すると空地や廃墟ばかりで人の少ない平和な場所に見えるのだが、貧しさからか犯罪もあるようだ。

「どのような犯罪が多いのですか？」

「カバンなどをひったくられることが多くて危険なので注意するように」とのこと。優しいことに彼女は「わからなくなったら、これを見せて人に聞けばいいわ」と外務省の住所をロシア語で書いてくれる。

身支度をして宿を出た。宿の周りは廃墟ばかりで、戦争の被害で朽ち果てたままのようでもあり、はたまた廃村になって30年ほど経ったようでもあった。普通ならば取り壊したり、他の人が住んだり、新しい建物になっているはずだが、そのまま放置されているのだ。人口が多く、働き口が少ない国ならば不法住民が住むはずだが、人口過疎のこの国ではそれはありえないのだろう。

アブハジアの面積は約８６６０平方キロメートル。これだけではピンとこないので、日本の県で同じぐらいの大きさのものがないか調べてみたが、広島県（８４７９平方キロメートル）とほぼ同じだった。ちなみにアブハジアの人口は前述したように約24万人だが、広島県は２８７万６６４２人（平成17年国勢調査）である。

中央の建物が泊まった宿。周囲は空地や廃墟ばかりだ

俺は外務省を目指した。わかりにくい地図だけを頼りに進む。坂道を上り、中心街に出る。ロシア系の人が思っていたよりも少ない。彫りが深くて黒目、黒髪の人が目立つ。そして皆、珍しいはずの東洋人の俺をあまり見てこない。クリミアの時と同じである。

どうも俺は道に迷ったようだ。俺が方向音痴なのも問題だが、標識はないし、通りの名前もわかりにくいのである。12時半に外務省は閉まり、14時に午後の営業がスタートするらしいが、時刻は現在12時前である。急がなくてはならない。俺は道を歩いている人に『姉さん』がロシア語で書いてくれた住所を見せた。すると、「あっちだよ」と丁寧に説明してくれるが何を言っているかわからない。

とりあえずその方向に向かうが、どの建物かわからない。暇そうにしているタクシー運転手に聞くと「すぐそこだよ」とついてきてくれる。優しい人である。

外務省の建物

外務省の建物に入ってビザの発給場所らしきものを見つける。そこには白人の男女と、東洋人らしき人が10人ほど並んでいた。入口に張り紙があり、英語でも書かれている。『ビザを取る人は中に入ってください』とある。俺は並んでいる白人のおばさんに尋ねた。

「皆、ビザを取るために並んでいるの？」

「そうよ。なかなか進まなくて嫌になるわ」

20分ほど待っていたが、暑いし椅子も2つしかないし、皆、疲れてイライラしてきている。時折、職員が通るときに他のビザ待ちの人が「遅いぞ」と抗議をしている。

30分は待っただろうか、50代の女性職員が出てきて皆に言った。

「午前中の営業は終わりです。14時に来てください」

女性は整理券を配っている。ついていないが、怒ったところでビザを受け取らないとなにも始まらない。とにかく時間を潰すしかない。

街をしばらく歩き回り、再び外務省の前に着いた。まだ時間は30分ある。俺は目の前にあるカフェに入ってコーヒーを頼んだ。この国の人はコーヒーをよく飲む。そして喫煙率も高く、客は全員タバコを美味しそうにプカプカ吸っている。

カフェで話しかけてきた優しそうなおじさん

目の前に座っているおじさんが話しかけてきた。日本人だというと「素晴らしい国だ」と言い、適当に会話をするが言葉の壁があり、ここまでである。しかし、ウエイトレスもフレンドリーだし、もし俺がロシア語を話せたらもっと楽しいに違いない。

時間が来たので外務省に入る。10分後に俺の番になって、ビザを無事にもらうことができた。

ビザは別紙に貼られ、絶対になくしてはいけないと職員にも念を押された。

廃墟の街と優しい人々

改めて街をゆっくり回るが、廃墟のオンパレードである。戦争や人口の流出、経済が悪化した場合、街はこんなふうになってしまうのか。極めつけは、アブハジアの旧国会である。戦争でやられた建物が街の中心にそのまま残っている。普通は国の恥だと壊してしまうはずだが、そのまま放置してあるのだ。ある意味、珍しいので観光地になっているようで、数人の旅行者が写真を撮っている。

銃弾で穴だらけになった旧国会

旧国会の前にはアブハジアの旗がたくさん揚げられている。未承認国家にいると、旗がやたらと目につく。国の存在を誇示する必要があるのか、はたまた、国民に愛国心を植え付けたいのか。これでもかというぐらい目にするのだ。

中心街を歩くが、レストランは少ない。俺はビルの１階にお洒落な店を見つけた。そこの上階はオフィスになっているらしく、テラスには地元のビジネスマンの姿があるが、店内には誰もいない。

中年のウエイトレスがやってきた。英語のメニューはないらしく、キリル文字。とりあえずビールを注文するが通じない。そうだ、「ビーヴァ」だ。クリミアにいる時に覚えた言葉だ。

「ビーヴァを下さい」

そう言うとオバちゃんは嬉しそうに微笑んだが、肝心の食べ物はまったくわからない。困ったオバちゃんはテラスにいた常連らしきビジネスマン風男性に声をかけた。男性がこっちにやってきて英語で助けてくれる。アブハジアの人は、ジョージアと同じで親切な人が多い。

ロシア産のビールは味が濃くて美味しい。最近の日本のビールは全体的に味が薄いと感じているがやはり苦みとコクがたっぷりの方が味わい深い。俺は移動を終え、到着した街で飲む酒ほど美味しいものはないと思っている。

ビールを堪能していると、パンと、鶏肉が入っているサラダがテーブルに置かれた。ロシアもジョージアも食に関しては美味しい。その影響を受けているアブハジアが不味いはずがないので期待する。サラダは2、3人分あるのか、量が多くて食べきるのが大変である。次はメイン・ディッシュである。豚肉、ジャガイモ、パプリカなどの野菜などが炒められたものの上に溶けたチーズがかかっている。見ているだけでヨダレが出てしまう。香辛料などで味が調えられていてとても美味しい。

外を見ると首都の中心街だというのに人通りは少なく寂しい雰囲気が漂っている。

アブハジアは首都であるスフミを中心に形成されている。

1931年、ソ連の独裁者スターリンによって、ジョージア・ソビエト社会主義共和国に属する、アブハズ自治ソビエト社会主義共和国になったのがこの国の始まりだった。

初日の夕食。美味しかった

だが当時、アブハジアの自治はあまり機能せずにジョージア化が推し進められた。共和国の大統領はジョージア(グルジア)政府の操り人形だったのだろう。その後、アブハズ語が禁止され、ジョージア語が公用語として強制された。その間、それに背く多くの人が粛清された。更にジョージア人のアブハジアの移住も奨励されたのだ。

苦しい時代を乗り越え、スターリンの死後、ようやくアブハジアの自治は回復された。1991年4月9日、ジョージアは独立宣言し、1992年には、ソ連の外務大臣を務めたことがあるシュワルナゼが最高権力者に就任した。

1992年、ジョージアの軍事評議会はソ連時代の憲法を廃止し、1921年に制定されたジョージアの憲法を復活させることを宣言した。なぜ、そんなことをと思うのだが、それを受けたアブハジア人たちは自治権を廃止されたと捉え、1992年に『アブハジア自治政府』が独立を宣言したが、国際的には認知されなかった。

アブハジアが独立しようとしていることに怒ったジョージアは、3000人の部隊を送りこんでスフミでアブハジアの分離主義武装グループと戦闘をした。その結果、多くの犠牲者を出したが、ジョージア政府は、アブハジアを破った。

アブハジアは敗北したが、その後、北コーカサス地方からの義勇兵が、アブハジアの分離主義グループと合流し、力を蓄えてジョージア軍との戦いを再び始めた。ジョージア軍は劣勢になった。アブハジアを背後からロシアが支援しているのをジョージアは非難した。

1993年、ジョージアのアブハジア自治共和国政府は、アブハジア軍にスフミを落とされた。それでもジョージアは抵抗を続け、コドリ渓谷と呼ばれる地域を実効支配したが、2008年にコドリ渓谷にいたジョージア軍は敗北し、現在のアブハジア共和国が全域を実効支配した。

スフミの観光地

翌朝、8時半に宿を出る。海岸線はのどかである。人通りは少ないものの、清掃員がいて道を綺麗にしている。マラソンや散歩をしている人が多く、ホテル前にはツアーのブースがある。見てみると、ロシア語だけなのでまったくわからないが、郊外には洞窟などがあって意外と見所もあるようだ。ここに来る前、アブハジアなんてどんな変わり者が来るのだろうと思っていたが、思っていたより観光客が多いことに驚かされる。

不思議なキャラクターの遊具で遊ぶ子ども

更に進んでいくと、小さな遊園地のような施設がある。見たことのない人形や変わったキャラクターの遊具があり、父親が小さな子どもを遊ばせている。黒海に目をやると、海水浴を楽しんでいる人がいて、粗末なシャワールームに目が行く。6月ともなれば海水浴のシーズンである。暑いので俺も泳ぎたくなる衝動にかられてしまうが、もっと街を歩かなければならない。

廃墟のような巨大なコンクリートの建物があり、たぶん海の家の〝残骸〟だと思うのだが、それは朽ち果てていて、この国の現状を表しているようで寂しくもある。すると、2人の男が遠くから俺の方を見ていることに気付いた。男たちは白いYシャツを着て黒いズボンを穿いている。この街では普通の人は東洋人をジロジロと見てこない。なにかよからぬことでも考えているのだろう。その男たちは俺の前に来ると片言の英語で尋ねてきた。

「君はどこの国の人だ？」

「日本ですよ」

「そうか、日本人なのか」

世界中、どこでも悪巧みしている奴の顔は同じだ。

「どこに行くの？」

「適当に歩いているだけだよ」

「ちょっと、面白い商品があるんだけど見ないか」

アブハジアの海岸。左手に臨むのは黒海

そう言うと、カバンの中から玩具や土産物を出してきた。

「そういうのは興味ないよ」

「じゃあ、街を案内するよ」

いくらボラれるかわかりゃしない。

「金はないし、行きたい場所があるから結構だ」

「そんなこと言わずに、まあ、ここに座りなよ」

思っていたよりもしつこい。かなり怪しい連中だが、とりあえずベンチに座ってみる。

「君たちは、アブハジアの人じゃないよね？」

「ロシアからビジネスで来ているんだよ」

なんのビジネスか知らないが、構っている場合ではない。嫌な予感がしたので、早口英語で適当にまくし立て、間髪入れず俺は言う。

「もう、行きます。これらには興味ないです」

俺が立ち上がって歩き始めると、２人は悪態をついてきたが、そんなものは無視である。

海岸線を大きく迂回すると団地ばかりの住宅街に入った。少し古くなった団地があり、商店などもチラホラある。途中で賑やかな建物があり、なんだろうと思って覗いてみると、子どもたちの声が聞こえた。小学校のようだ。子どもたちは制服を着用していて、育ちのよさそうな顔をしている。私立の金持ちの子息が通う学校なのだろうか。

しばらく歩くと近代的なサッカー場が見える。今日、試合があるのか、ダフ屋がいるではないか。更に歩き進んでいくと、昨日見た旧国会が見えてきた。もう、街の中心に来てしまったのだ。歩いて街を見るのが趣味である俺にはこのくらいの小規模の街の方が都合がいい。

旧国会の近くにはスフミでは有名な観光地の植物園がある。正直、あまり植物園には興味はないが一応、有名らしいので見ておこう。

　この植物園は１８４０年からあるらしい。カフカス最古の植物園のようだが、あまり歴史は感じられない。入場料は１２０ルーブル（約２１６円）で、１０００ルーブル札（約１８００円）で払おうとすると、受付のオバちゃんはロシア語で叫んでいる。なにを言っているのかまるでわからない。俺の後ろには人が並んでいて彼らが苛立ってきているのがわかる。すると、５人グループの女性が英語で俺に「彼女は細かいのがないので、大きな紙幣は受け取れないと言っているわ」と助けてくれる。

　１０００ルーブルを崩したかったのだが仕方ない。助けてくれた女性はロシアからの観光客で「スフミで観光と言えばここよ」と言っている。なるほど、確かに観光客は多く、子どもたちの団体もいる。

植物園の中。思いがけない竹林に和む

　園内は思ったよりもよかった。日本の品種も結構あり、竹林の下にベンチがあったので座る。涼しい風が吹いていて、なんだか癒されて眠くなってしまう。中にいた男性スタッフが俺のところに寄ってきて「韓国人か？」と尋ねてくる。

「日本人だよ」と言うと、彼は日本のことを一通り褒めた後、笑顔で言った。
「アブハジア旅行を楽しんでね」

ジープの男

植物園を出た俺はスフミ駅まで歩いていくことにした。植物園の横の大通りでは警察と軍が検問をやっている。この国では警察や軍の力はやはり強いのであろうか。半分鎖国状態のアブハジアでは、国民を押さえつける必要があり、そのためには強くて国民に恐れられる警察や軍の存在を欠かすことができない。職務質問されるかもしれないが、そんな時のためにパスポートとビザを携帯している。だが、彼らは俺の方には目もくれずに心配は杞憂に終わった。

スフミ駅を見た後、来た道を戻ることにした。交通量は先程よりも増えていて、排気ガスや埃が気になる。すると1台のジープが徐行しながら後方から近づいてきた。小さな女の子を助手席に乗せた兵士である。ジープの後部にアブハジアの旗を付けている。その男は俺を不審者でも見るような目で上から下までジロジロと見てきた。因縁をつけられると面倒なので、無視していると車は去った。

ほっとしたのも束の間、数分後、そのジープは俺の後方から再び近づいてきた。この先の道を曲がって、戻ってきたのだろう。俺はこの男に不審者だと疑われているのは間違いない。とりあえず俺は害のない観光客のふりをする。まず立ち止まらずにリュックから水を出し、それを飲みながら、ポケットから粗末な地図を出して見る。いきなり声をかけられたら大きな声を出して英語を使い、道を尋ねるつもりだった。

ゆっくりとその男を観察してみると、50歳ぐらいで白い口髭を生やしている。まるで、『ジョージア軍との戦争に参加しました』とばかりに、目つきが鋭く風格が漂っている。俺が目を向けても兵士は顔色をまったく変えず、俺を見返していたが、俺が地図を見ているふりをすると去っていった。

一瞬、ドキリとしたし普通に街を歩いているだけなのに監視されたような気になってくる。これもこの国の現状を示しているのだろう。

チリチリと爆弾

宿に戻ってオーナー一家が住んでいる階に行くと、オバちゃんからコーヒーとお菓子をいただく。すると、『姉さん』がやってきて尋ねてきた。

「あなた、ビザは取ったのか？」

「うん、取りましたよ」

　すると、横にいたチリチリ髪の女性が英語で話しかけてきた。この女性はオーナー一家の親戚らしく、しばらくここに滞在しているようだ。ロシアのサンクトペテルブルクの大学を出て、現在はＮＧＯ関係の仕事をしているという。

ＮＧＯ関係の仕事をしている『チリチリ』

　この宿の人は客を含めて英語は通じないと思っていたが、救世主というか、話せる人が1人でもいると心強いものだ。

「仕事はＮＧＯ関係だというけど、なにをしているの？」

「ここは過去にツライ戦争があったでしょう。今でも地雷などが埋まっているのよ。それを撤去する作業をしているのよ」

「怖くはないの？」

「怖いけど、この国が好きだし、国の役に立ちたいのよ」

　偉い女性だ。彼女はスフミで車の免許を取るために教習所に通っているようだ。

彼女との会話は英語なのだが、発音が聞き取りにくい。それを聞いている『姉さん』は何を話しているのかわからずに少しイライラしている。オバちゃんも加わって質問をいろいろされたのだが、俺の年齢が信じられないとのこと。

「ずっと30歳ぐらいだと思っていた」

と『姉さん』が言えば、オバちゃんは、

「どうしてそんなに若いのか？」

年齢のことをずっとイジられる。

「迎えのタクシーが来た」

チリチリの女性が言う。どうやら教習所までの足がないのでタクシーを呼んだらしい。それにしてもタクシーを呼ぶとはリッチである。どうして乗り合いバスや、流しのタクシーを使わないのだろうか。そのことを聞くと「両方とも信用できないし、危ないのよ」と言うではないか。

「でも地元の人は使っているんじゃないの？」

「タクシーはボッテくるし、変な場所に連れていかれるかもしれないし、乗り合いバスはスリや泥棒が多いから乗らないのよ」

彼女は上の階級に属しているのか、本人や知り合いが被害に遭ったことがあるのかもしれない。

暗くなる前に俺は海岸沿いのレストランで夕食を食べるために宿を出た。

夕方の海岸は、こんなにこの国の人口は多かったのか、と思わせるような混雑ぶりで、家族連れや、観光客で賑わっている。だが、流れている音楽はまたもやホテル・カリフォルニア。そしてその後もアメリカの懐メロばかりだ。アメリカ文化がどうやら好きなようだが、もう少しバリエーションを増やしてほしい。

夕暮れが迫っているが、黒海を臨む景色は美しい。廃墟になった船を利用したレストランやカフェが所々にあって、客がくつろいでいる。それは、どこにでもある平和な光景で、〝未知の国〟だと思っていた未承認国家・アブハジアの人々は皆、幸せそうに見える。

このエリアは観光地だし、街も表面的には平和だと思っていたが、俺が帰国した１ヵ月後に政府に対する抗議デモが起こった。内務相に辞任を迫り、更迭が決定した後、デモは解散したようだ。原因は治安悪化などの責任を問うものだったようだが、国内情勢は不安定で治安がいいとはいえない状況らしい。

レストランに入ると、俺の隣の席では子どもたちを連れた40代の男がタバコを吹かしながらビールを飲んでいる。この国の人の特徴で東洋人の俺には興味を示そうとしないので、こっちから声をかけてみることにした。ここのレストランは地元でも高級な部類に入るだろう。そうすると必然的に英語を話せる人の割合は高くなるものだ。

「あなたはアブハジアの人ですよね？」

最初、男は戸惑った顔をしていたが、それほどうまくない英語で返してくれた。

「そうだよ。君は中国人なの？」

「いいえ、日本からの観光客です」

「そうか、アブハジアは好きか？」

正直、どう言っていいかわからないのだが俺は答えた。

「ええ、人が優しいので好きですよ」

そう言うと、男は頷き、子どもたちと何やら話し始めた。こんな時に政治や戦争の話はタブーなのだが、こう切り出してみた。

「俺、日本でブログを書いているのですが、アブハジアの人が何を考えているのかを載せたいので少し質問をしてもいいですか？」

男は少し黙った後、言う。

「いいけど……写真は撮らないでくれ。それから名前もダメだよ」

「ジョージアのことはどう思います？」

「元々、ずっと同じ国だったし、もちろん親近感はあるし友人もいるが、悪い政治家が多く、多くのアブハジアの国民が殺されたし、好きにはなれないね」

「アブハジアは国際的に承認されていないけど、どう思う？」

「アブハジアは軍隊も政府もあるし、事実上、国家として成立しているだろ。この先、承認されると思うよ。たぶん」

「たぶん？（笑）」

「望むだね（笑）」

「ロシアについてはどう思うの？」

「……う〜ん、あまりそのことは話したくないよ」

「プーチンは好き？」

「ああ、プーチンね。好きでも嫌いでもないけど、彼はこの国をロシア連邦に組み込みたいんでしょ。今もここの通貨はルーブルだし、ロシア兵はいるし……」

「ごめんなさいね、デリケートなことばかり聞いちゃって。日本についてはどう思っているんですか？」

「経済大国で、優秀な車を製造しているよね。寿司バーがこっちにもあるけど、美味しいね」

「日本の場所はどこだかわかる？」

「ごめん、正直よくわからない。中国の近くだよね」

彼の子どもたちが帰りたいのか、なにか男に言っている。

「もう、帰らなくては。ワイフが家で待っているんでね」

男は帰りぎわ、握手をしてきて「旅を楽しんでね」と言う。

不思議なことなのだが、子どもたちは物珍しいであろう俺には全然興味を示さず、帰りに「バイバイ」と言っても無表情で手を振っただけであった。アブハジアの子どもたちに共通するが、好奇心はないのだろうか？　皆、こんな感じでクールというか、無関心なのである。外部の人とあまり接触してはいけないと教育されているのかもしれない。滞在日数が4日しかなく、首都のスフミしか滞在していないので、軽率なことは言えないが、そのことが気になってしかたなかった。

帰り際にビールと水を買おうと思って売店に行くが、「いくらですか？」と聞いても店のオバちゃんがなにを言っているのかわからない。紙に金額を書いて欲しいのだが、それも通じない。すると30手前ぐらいの女性が英語で助けてくれた。観光客だと思ったら近くにあるホテルで働いているのだという。こんな場所で質問するのもオカシイが、簡単に聞きたいことを尋ねてみる。

「ジョージアとの戦争が過去にあったけど、ジョージアのことをどう思いますか？」

最初、彼女は戸惑っている顔をしていたが、その後に笑顔を浮かべた。

「え、なに、いきなり」

「俺は日本から来た観光客なのですが、ジョージアとアブハジアの歴史に興味があるのです」

「ジョージアとは戦争があって、めちゃくちゃにされた。正直、怖いのよ。また戦争が起こるのも怖い」

「ロシアのことはどう思いますか？」

これは聞いてみたかった。アブハジアが国際的に孤立してどこの国にも相手にされなかった時にロシアだけは助けてくれた。ロシアもアブハジアを利用するために、自分たちの息のかかった大統領を推したが、アブハジア政府はそれを拒否。怒ったロシアが経済制裁をするといったことも過去に起きている。アブハジアはロシアの傀儡に近いが、自分たちでやっていこうという意志は強いようだ。

その質問に彼女はこう答えた。

「ロシアは友達だと私は思うわ。でもアブハジアはロシアの言うことばかりは聞かないわよ。あ、もう時間だから行くわね。良い旅を！」

彼女は走っていった。

足が痛い最終日

その翌日。明日、スフミを出るので実質的に最終日である。

朝食を食べた後、歩き始めたのだが、痛めていた足がまた悪化したようである。ジョージアのトビリシから鎮静剤と根性でズグジジまで行き、重いリュックを背負って国境を越え、スフミについても無我夢中で動いていたので、いつの間にか足のことを忘れていたのだが、無理がたたったようだ。これはちょっとマズイ。最終日だというのに、歩けば歩くほど、左足首に激痛が走る。明日はまた国境を越えてジョージアに戻らなければならず、体力を使う。非常に悔しいが部屋に戻って安静にしておくのがベストかもしれない。ただ俺には、1つだけ行きたい場所があった。そこはアブハジア博物館である。名前の通り、きっとアブハジアを代表する博物館のはずなので、ぜひとも見ておきたいのだ。

博物館のある小さな公園に着くが、はて、どこかわからない。観光客もいないし、地元の人もほとんどいないのである。ベンチに座っていた老人に尋ねると、大きくて地味な洋館を指差した。

外観からだと国立博物館にはとても見えない。近くに寄ると、立派な建物とわかるが、人もいないし、ポスターなどの展示物を示すものもない。入場料を払おうと受付を探すがそれらしいものはなく、係員に聞いたが言葉がわからない。とにかく『行け』というジェスチャーをしたのでそのまま見学することにした。それにしてもいい加減だ。肝心の展示内容は比較的充実していて、館内も綺麗だった。

1階ではアブハジアの各地域の自然を紹介していて、古代文明から現代までの歴史が展示されている。2階に上がると、アブハジアの独立戦争の展示が行われていて、軍服が飾られている。歴史を学びたいが残念なことに英語表記は一切なしである。この2階は係員が時折顔を見せるが、見学者は俺だけだ。

2階建てとはいえ、なにせ小さいのであっと言う間に終了。しかも見学中も足の痛みが強くなり始めた。

部屋に戻ったが、まだ昼過ぎである。足の痛みに耐えて博物館に向かったのに肩透かしにあったようで、悔しさがこみ上げてくる。編集Mに事情を説明するためにメールを送ってみた。アブハジアと日本との時差は6時間なので、日本は18時過ぎで、Mは会社で仕事をしているはずである。

3分で返信があった。Mのことである。奴との付き合いはかれこれ14年目になる。どうせ「足が痛くても鎮静剤を飲んで取材に行け」「明日のことなど考えるな」「それじゃダメですよ」などと、書いてあると思った。

メールを開いてみた。

『あまり無理をしないでください。明日も大事な移動なので安静にして部屋で休んでくださ い。アブハジア、おつかれさま』

優しい言葉に感動を覚え、その勢いで外に出ようとしたものの、足の痛みは増す一方で、これからの旅程や明日の移動に不安を覚えていた。

大変な出国

翌日は朝7時に起床。恐れていた足の痛みはそれほどひどくなっていない。これならどうにかなりそうだ。出発の準備をしてからオーナー一家に挨拶にいくと、彼らの住居には鍵がかけられている。俺が出発するのは知っているはずだが、呼びかけても応答はない。さてどうするか。皆が起きるのを待っていては時間がもったいない。

旅なんてどうにかなるものだ。1人でタクシーを拾って、バスターミナルまで行くことにした。宿を出た俺はとりあえず通りに向かったが、人通りはほとんどなく、車もわずかしか通らない。

5分後、タクシーがやってきたが、人を乗せている。

10分後、またタクシーが来たが、これも人を乗せている。

その後、タクシーは姿を見せず、俺は中級ホテルの前でタクシーを探すことにした。しかし、ここにもタクシーは停まっておらず途方にくれていると、守衛らしき中年男性に邪魔だからと追い払われた。中心街に向かって歩き始めたが、重い荷物を持って長時間経っている。それに坂道を登っていることもあり、足が痛み始めた。

もう、限界かもしれない。外務省の近くの通りにタクシーが何台も停まっているのを知っていたので、そこまで歩くしかないが、15分以上かかる距離だ。足の痛みで動けなくなる可能性もある。

すると、タクシーが1台、細い道で停まるのが見えた。ちょうど人を降ろすところのようで、俺は力を振り絞って駆け寄った。行き先を告げるが通じない。ポケットからロシア語で『バス・ターミナル』と書かれた紙を取り出して見せると運転手が頷いた。

運転手は60歳近いロシア系の男で、俺が日本人だと言うと、「このナビゲーションは日本製だよ」とニコニコしている。『チリチリ』から１００リーブル（約１８０円）が相場と聞いていたので、その金額でバスターミナルまで行くことができた。その後、バスを乗り継いでようやく国境検問所に到着した。

アブハジアではいろいろな人に親切にしてもらったが、これからジョージアに戻れると思うとホッとしてくる。日本大使館もなく、実質的にロシアの支配下にある未承認国家・アブハジア共和国。人は優しいが滞在していて息苦しさがあったことは確かだ。

入国の時は、アブハジアとロシアの2ヵ所の検問所で審査を受けたが、出国時はロシアだけである。俺の順番になったのでパスポートとビザを見せる。係官は行きに質問をしてきた東洋系の男であった。俺の顔を見て一瞬微笑む。ロシア兵の笑みを見るのはそういえば初めてである。簡単な質問を終え、俺はジョージアに向かって歩き始めた。その途端、緊張の糸が切れたのか、左足が痛み始めた。荷物の重さが足首に一気にかかり、辛くなって3分間その場で休む。

とにかく、早く境界線の橋を越えよう。

ジョージア側に入った。なんだか体から力が抜けてきた。

俺は腕時計に手をやり、針を1時間進めた。

第5章 111ヵ国が承認する『コソボ共和国』

面積：10,908km^2
人口：約180.5万人（2013年）
首都：プリシュティナ（※○の場所）
通貨：ユーロ
承認している国：2016年7月現在、111ヵ国と、台湾及びマルタ騎士団。日本やアメリカも承認し、世界銀行及びＩＭＦには2009年に加盟。2016年のリオ・デ・ジャネイロ五輪にもコソボ共和国として初めて出場した

コソボは危険なのか？

1991年8月、俺はユーゴスラビア社会主義連邦共和国（以下ユーゴ）の首都であるベオグラード駅に降り立った。駅構内を見渡して驚愕した。内戦が勃発していたのは知っていたのだが、駅の中はこれから戦場に行く兵士で埋もれ、両替所やホテル・インフォメーションは閉鎖し、激しいインフレが起こり、駅構内を兵士が銃を持って警備していて、写真を撮ろうとしたら注意された。

こんな場所には滞在できないと判断した俺はアテネに移動することにしたのだが、列車にすし詰めにされた兵士たちは当時の俺と同じ20代ぐらいの人たちで、複雑な心境になったことを覚えている。

当時のユーゴは、7つの国境、6つの共和国、5つの民族、4つの言語、3つの宗教、2つの文字を持つ、1つの国にしてはこれ以上ないほどの多様性を保持している国だった。

激しかったユーゴの内戦後、国は崩壊し、分裂していった。

ユーゴの中核であるセルビア共和国の自治州の1つであったコソボ共和国は、内戦や虐殺、NATOのセルビア空爆の後、アメリカや欧州の後押しで2008年2月17日に『コソボ共和国』を名乗って独立を宣言した。

　今回の本のテーマは「未承認国家を見てくる」ことだが、コソボだけは、例えば同じ未承認国家の台湾と同じぐらい国際的に承認されている。今回取り上げる他の4ヵ国に関しては日本が承認していないばかりか、ほとんどの国から認められていない。だがコソボに限って言えば、日本は2008年3月18日に国家として承認し、翌年には外交関係を築いているのだ。現在はオーストリア大使館がコソボを管轄しているようだが、今後、自国の大使館ができる可能性もある。

　この国は一体、どんなところなのか。ジャーナリストが書いた紛争時の文章を読むと、とても恐ろしく、足を踏み入れれば必ずトラブルに巻き込まれるように思えてしまう。情報も乏しく、個人ブログなどを読む程度の予習しかできない。そもそも、映像やブログなどでは、表面的なものしか感じ取れない。行く前に抱いていたイメージと、実際に行って見てくるものとの間に雲泥の差があることは過去の経験からわかっている。

　コソボは本当に危険なのか？　戦争を経験している人が多く、貧しく、そして国民は荒っぽいのではないか、そんな心配もする。だが、知人のベテラン旅人が1年前に奥さんと2人でコソボを旅してきたときのことをこう話していた。

「なにもかも最高だったよ。街は綺麗で、治安が良く、物価も安いし、人がなによりも親切なんだ」

これはどうなっているのだ!?

その後、情報を拾っていくと、どうやらその知人が言っていることに近いことも最近書かれるようになってきている。評判がいいというのは、俺には意外だった。しかし、それが本当なのか、そしてどんな街並みをしていて、その中で国民がどのように暮らしているのかはこの目で見てくるしか調べる方法がない。

俺はジョージアの首都トビリシからコソボに向かった。

仕事のない国

ジョージアのトビリシを発った飛行機はトルコのイスタンブールで乗り継いで、コソボの首都プリシュティナに向かう。このプリシュティナの名前だが、俺はチケットを購入する際に初めて知った。早朝4時半のフライトだったので、機内で寝ようと思っていたのだが、後ろの座席の子どもが狂ったように泣いていて寝ることができず残念だった。コソボには4日間しか滞在できないので、時間を無駄にしたくないのだ。

プリシュティナ国際空港は街の中心部から15キロの場所に位置している。空港は日本の国内線専用空港のように小さい。入国審査は入国カードを記入する必要がなく、簡単な質問で終わった。荷物を受け取って外に出てみた。コソボの通貨はユーロなので両替する必要がない。

タクシーを探していると、40代の男が話しかけてくる。

「タクシーはどうだ？」

「いや、結構です」

いったん断り、タクシー乗場を探してみるが見当たらない。そもそも空港から市内に出る公共交通機関は存在しないのでタクシーを使うしかない。するとまた先程の男が尋ねてきた。

「25ユーロ（約３０００円。以下、１ユーロ１２０円で計算）でホテルまでどうだ？」

よく見ると悪そうな男ではないし、交渉することにした。

「20ユーロ（約２４００円）にまけてよ」

「街まで結構あるし、25が相場なんだよ」

「20なら行く。ダメなら他の人と交渉するよ」

仕方ないなという表情で男は言う。

「僕は仕事がないし、金が必要なんだけど、特別にいいよ」

男は俺の荷物を運び、車に積み込んだ。タクシーといっても白タクで、自分の車で勝手に営業をしているのだろう。

車は走り出した。

読者の中にはコソボ共和国の場所や、日本からの行き方がわからない人も多いだろう。簡単に説明すると、場所はヨーロッパのバルカン半島の中部、その内陸部に位置している。北東をセルビア、南東をマケドニア共和国、南西をアルバニア、北西をモンテネグロに囲まれた国だ。

国土は約1万平方キロで、岐阜県と同じくらいである。民族はアルバニア人92%、セルビア人5%、その他、トルコ等の諸民族で構成されている。人口は約180万5000人（2013年、コソボ統計局）で、首都・プリシュティナの人口は推定60万人と言われている。

俺は最初、隣国のアルバニアやマケドニアまで飛んで、そこから陸路で入国するものと思っていたのだが、プリシュティナまでのフライトがあった。だが、直行便はなく、トルコのイスタンブール、ドイツのルフトハンザを経由して行くことになる。

「今日は客が捕まえられてラッキーだよ」

男は嬉しそうに言う。

「最近は観光客が増えているんじゃないの？」

「そんなことないんだよ。競合する人も増えてきているし、とにかくこの国は仕事がないんだ」

彼は英語が非常に達者で大学も出ているそうだ。彼によるとコソボでの公用語はアルバニア語とセルビア語なのだが、英語教育を当たり前のように行なっており、国民はかなりの確率で英語を話すことができる。俺も４日間の滞在中、言葉にはまったく不自由しなかった。

それにしても、ここまで英語がうまく、大卒で、尚且つ真面目そうな男に仕事がないとは。

「失業率は高いの？」

「ああ、この国は失業者だらけだよ。僕も仕事をしたいんだけど、なくて困っている。今はとりあえずこの仕事をやっているんだけど不安定でね」

調べてみると、コソボの国民１人当たりのＧＮＩ（国民総所得）は３９５０ドル（２０１５年、世銀統計）で、かなり低い。ちなみに日本は世界17位で４万２０００ドルである。

コソボの失業率は35・３％（２０１５年、コソボ統計局）で、この男の言う通り、この問題は深刻化している。

しばらく車を走らせているが、道路は広くて整然としており、普通の平和な街のように映る。車は市場近くの建物が密集している一角に入ってホテルの前に停まった。

首都プリシュティナを歩く

宿泊するホテルは某ブッキングサイトで高評価なだけあって文句のつけようはないが、喫煙ルームを予約したのに、なぜか部屋には禁煙のマークがついていた。コソボの人は喫煙者が多く、街中やカフェでスパスパ吸っている姿が目に入る。タバコの値段も安く、マルボロがわずか1・2ユーロ（約144円）である。喫煙ルームについてホテル・スタッフに尋ねると、国の法律で最近、屋内全面禁煙になったようだ。

とりあえず外に出てみよう。街にはモスクが目立ち、ここはイスラム教徒が多いんだなと改めて思う。だが、厳格さを感じるほどではなく、ヒジャブをつけた女性はいないし、酒がどこでも売られていて、カフェでも堂々と飲んでいる。この国の宗教はイスラム教と、セルビア正教である。人口の大多数のアルバニア人はイスラム教徒だ。

旧市街を歩く。この一帯はオスマン朝時代の建物がある観光の中心らしく、モスクが街並にとけ込んでいる。

雨が降りそうな空模様になってきた。俺は街の中心にあるマザー・テレサ大通りに向かう。大通りというだけあって広く、歩行者天国になっている。だが、天気が悪いためか観光客は少ない。

この一帯にはカフェやレストランがたくさんあり、地元の人がコーヒーなどを飲んでいる姿が見える。通りの真ん中にはマザー・テレサの像があって、写真を撮っている人や井戸端会議をしている地元の人が多い。

マザー・テレサは母親がアルバニア人である。コソボにはアルバニア系住民がたくさん住んでいるのでこのような像を造ったのだろうか。

像は他にもあり、馬に乗っている男はスカンデルベグ。彼は中世アルバニアの君主で、侵攻してきたオスマン・トルコに対峙したアルバニアの英雄だという。

そしてもう1体、銅像があり、調べると穏健派指導者のイブラヒム・ルゴバだ。彼は平和的手段による独立運動を進め、コソボに住むアルバニア人からは国父と呼ばれた。しかし、彼はあまりにも穏健派だったので、「それでは甘すぎる」と過激なコソボ解放軍などが台頭する切っ掛けを作ったとも言われている。

コソボの町並み

通りの南端にはグランド・ホテルなる五つ星のホテルがあって、タクシーが停まり、金持ちそうな欧米人の姿も見えるが、肝心の外壁がお粗末で、アルファベットのA、T、Lが剥がれ落ちている。

雨が降ってきた。すると今まで暑かった気温も下がり、上着が欲しくなってきた。早朝から移動したこともあり疲れてきたので、一旦ホテルに戻ることにした。

雨足がかなり強くなってきた。ホテルの隣に地元の人が集まるカフェがあるのでカプチーノを飲みに入る。

オープンカフェになっているカフェは地元の人が多く、皆くつろいでいる。店員は英語が堪能な愛想のイイ男だ。美味しいカプチーノの料金はわずか0・5ユーロ（約60円）。それにしても安いものだ。近くにスーパーがあるので行ってみるが、全体的にどれも安く、大きなリンス・イン・シャンプーがわずか1・2ユーロ（約144円）である。ちなみに同じメーカーの商品が隣国アルバニアで3ユーロ、キプロスでは4・2ユーロで売られていた。

しばらくホテルで休んでいるうちに雨雲が過ぎ去ったので、夕食をとりに出かけることにした。先程歩いたマザー・テレサ大通りから細い道に入ると、レストランやカフェが並んでいる。非常にお洒落で楽しそうな場所である。とにかく腹が減っていたのでオープンカフェに入る。そこでステーキ、サラダを注文。スタッフはサービスがよく味も美味しい。すると、物乞いの10歳ぐらいの男の子がやってきた。服は意外にも小綺麗なのだが、手を出して客から金をもらおうとしている。他の客も俺も無視していたが、なかなかしつこい。店のスタッフが飛んできて注意をすると、その子は他のレストランに行ったようだが、しばらくするとまた戻ってくる。スタッフによると、よく来るそうである。

食事を終え、タバコを吸っていると、駅弁売りが持っているようなケースを抱えたタバコ売りの男が現れた。箱の中身は全部タバコである。バラ売りもしているらしい。ちなみに街中でタバコを買うとマルボロは１・２ユーロ（約１４４円）である。この人はいくらで売っているんだろう。

「いくらですか？」

「１・８ユーロです」

街中で大量にタバコを買って転売すると、１箱あたり０・６ユーロの儲けになるのである。売り子のオヤジはやたらと英語がうまい。店のスタッフにタバコの売り子のことを尋ねると、こう返してきた。

「この国はね、仕事がとにかくないんだよ。だから生きるのに皆必死さ」

アメリカとコソボ

翌朝、ホテルの近くにある市場に出かけた。旧市街にあるこの市場は小規模で活気もあまりない。それでも市場をブラブラ歩くのは面白い。その足でマザー・テレサ大通りに向かい、マザー・テレサ大聖堂に到着したが工事中である。コソボの人々はイスラム教が大半なのだが、カトリック教会を街の中心に建てることには大賛成のようである。マザー・テレサの名前を使えば世界中からお金を集められるし、観光客もこれを目当てにやってくるからだろうか。

　通りには旗がはためいている。やたらと旗を見かけるのは他の未承認国家と同じだが、ここではEU、アメリカ、アルバニアの旗と一緒にコソボの旗が掲げられている。アルバニアはコソボに住む大多数がアルバニア人だからわかる。EUもわかる。アメリカは……まあ、この国の成り立ちはアメリカとは切っても切れないものである。コソボ紛争ではアメリカが裏から煽り、この国を誕生させた経緯もある。

青空にはためくコソボの旗

　コソボの旗は、青地にコソボの国の図柄と星が描かれているが、この星はアルバニア人、セルビア人やロマなどの多様な民族の調和を表しているようだ。
　そのまま、バスターミナルの方に向かうとクリントン大通りにあたる。大通りには元アメリカ大統領のビル・クリントンの銅像もある。それはそれほど目立つものではなく、尚且つ、それほど似てもいない。観光客も皆無である。クリントンはベオグラードを空爆した時のアメリカの大統領でコソボのアルバニア系住民にとっては建国の恩人なのだ。

コソボのあるバルカン半島は歴史上さまざまな民族がやってきて定住したので民族構成が複雑になった。各々の文化圏は山脈などで区切られ、それぞれの地域には独自の文化圏が根づいていった。

コソボは元々、セルビア人の発祥の地とされており、村々にはセルビア正教の教会が建っていた。

オスマン帝国の支配下にあった後、17世紀の後半からアルバニア人の入植が進んだ。セルビア人とアルバニア人は出生率などが違った。気がつくと、コソボではアルバニア人が多数派になり、ユーゴスラビアが建国された時には既にセルビア人が少数派になっていた。

シュールなビル・クリントンの銅像

アメリカや、世界世論は、コソボ紛争においてセルビア人を『悪玉』に仕立て、逆にアルバニア人を『善玉』にして、一方的にコソボに肩入れをし、ベオグラードを空爆した。もちろん批判も殺到し、アメリカとEUは戦後処理をしっかりとやらなければならなかった。その結果、多額の資金がコソボに投入されて、首都のプリシュティナは復興景気に沸いた。

２００８年2月17日にセルビアから見れば一方的にコソボは独立を宣言した。コソボを支持するアメリカとEUは、クリミア、アブハジア、南オセチア、沿ドニエストルにおけるロシアの肩入れを非難することは難しいはずだ。

「欧米によるコソボの承認は危険な先例だ」とコソボ独立に反対する人は訴える。だが、承認した欧米主要国は「これは特別事例で、先例にならない」という姿勢である。

このコソボの承認はロシアにとっては許せないものだった。抗議をしても『コソボは例外』だと返される。だが、このことによってロシアは欧米のダブルスタンダードに付け入ることができるようになった。それがクリミア問題などに利用される。

コソボの独立をすぐに承認したのはアメリカ、EU、イギリス、フランス、そして日本である。一方、反対したのは国連安保理ではロシアと中国で、EU諸国ではスペイン、ギリシャ、ルーマニア、スロバキア、キプロスなどだが、２０１６年7月の時点では１１１ヵ国に承認されている。

この『承認する国』と『承認は認めない国』は、ざっくばらんに言うと自国内に民族問題を抱えているか、否かである。EUなどはすべての国が承認してもよさそうだが、スペインは独立を認めていない。それはバスクやカタルーニャ地方の独立運動が昔から盛んでコソボの独立を認めれば、自国の独立運動も認めなければならなくなるからだ。同じように中国も、チベットや新疆ウイグル地区で民族問題を抱えているので認めるわけにはいかない。自国の独立勢力に立ち入る隙を見せることになるからだ。

もちろんコソボが独立を宣言してもセルビアは認めず、コソボは自国領であるという認識である。だから、例えばバルカン半島を移動する際、アルバニアやマケドニアからコソボに入国し、陸路でセルビアに入ろうとすると入国拒否にあうのだ。セルビア側からすれば、コソボは自国領で、不法に我が国に入国してきた、ということになる。ちなみにセルビアを含めたコソボを承認していない国は、コソボ共和国のことを、セルビア国内の『コソボ・メトヒヤ自治州』と呼んでいる。

市場で喧嘩

街を歩き回る。治安は特に問題なさそうで、人口密度も低いので歩きやすくて楽しい。図書館は宇宙基地のような個性的な建物になっており、遠くからも目を引く。それにしても誰がこんなものを設計したのだろう。敷地内のベンチで休んでいると、2人組の大学生と目があった。2人とも真面目そうな男だが俺が日本人だと知ると「日本はコソボを承認してくれている国だから好きだよ」と言って、日本のアニメや日本製品を褒めてくる。

紛争時の話を聞こうとすると、こう注意された。

「この国で紛争はすごく苦い記憶なんだ。深く心が傷ついた人も多いから、滞在中に戦争の話はしない方がいいと思うよ」

確かに内戦だけでなく、住民同士が憎み合い、お互いに略奪、放火、殺人などを行なっていた事実がある。よほど親しくならない限り、その話をするのはタブーなのだろう。

街を歩いていると、廃墟になったままのセルビア正教会を目にする。この国にはキリスト教徒もいるのだが、そのまま放置されているのを目にするのは悲しい。

非常に個性的な図書館

街の中心地はそれほど広くないので、市場にまた着いてしまった。人で混雑している市場を回っていると、喧嘩が起きたようで、人だかりができている。原因は不明だが、3人のガラの悪い連中が殴り合いをしている。やがてパトカーがやってきて大勢の警官が3人を捕まえて手錠をかけ、事情聴取をしているが、彼らはエキサイトしていて警官に猛抗議している。

街中は平和と思っていたが、どうやらそんな単純な話ではないようで、その後にホテルに戻ろうと歩いていると、２人組の若者が俺の前に立ちはだかり叫んだ。

「チャイニーズ○×!!」

世界中でこのような罵声は浴びてきたが、東洋人という見かけだけでこのような仕打ちを受けるのは我慢がならない。文句でも言ってやりたいが、２人組の目を見るとかなり危険な匂いがしたので無視するのが一番だ。それにしても気分が悪い。

喧嘩をして警察に連行されていく人たち

民族自決

オスマン朝時代の建物がたくさん残っていて観光地にもなっている南部の都市プリズレンに移動することにした。バスで走っていると、見慣れた平和なヨーロッパの街という感じである。コソボはかつてユーゴに組み込まれていたが、アルバニア人が多く住む地域性から自治権が認められ、自治州として存在していた。

自治権とは、領内の住民が独自に内政を行使できる権限のことだ。自治権があれば他国の関与をほとんど受けることはないが、外交の権限は一切ない。外交権を持つということ、それがすなわち独立国家の条件になる。

ちなみに、多民族国家を謳った旧ソ連や中国は少数民族に対して自治権を保障したが、自治の最高責任者には中央政府の息がかかった政治家が就くのが常であった。

自治権を与えられたコソボに暗雲が立ち込める。ユーゴにおいてセルビア主義が強まり、少しずつコソボにおけるアルバニア人の地位が揺るぎだした。そして1989年に自治権を剥奪された。コソボに住むアルバニア人の反発は凄まじく、ユーゴ国内の各共和国の人々の民族意識を刺激した。それは各地で起こった紛争のきっかけになったと言われている。

紛争が終わり、ユーゴが解体され、アルバニア系住民がコソボ共和国を樹立し、セルビアからの独立を宣言した。これに対し、怒ったセルビアは自治州議会などを停止して直接統治を開始した。

アルバニア系住民は武装組織「コソボ解放軍」（ＫＬＡ）を組織化し、武力闘争で対抗した。よくこの紛争で『民族自決』という言葉が使われたが、そもそもコソボはアルバニア人の国ではなく、コソボ自体が多民族共存を謳っていたのだ。欧米主要国やコソボ民族主義者によって、そのようなスローガンが声高に語られた側面もあるのだろう。

プリズレンの街中に入ったようだ。観光客の姿もチラホラ見える。この歴史的な街の人口は約17万人で、現在はアルバニア人ばかりになっている。

バスを降り、タクシーに乗ってゲストハウスに向かう。タクシーの運転手は優しい人で宿のチャイムを押してくれたり、街の見所を説明してくれた。

宿に入りウエルカム・ドリンクを飲んでいると、ジョージア人の女性に声をかけられた。

美しいプリズレンの町並み

俺がジョージアに行ったと言うと、彼女は嬉しそうに答えた。

「私はトビリシに住んでいるのよ」

彼女によると、旅が好きでいろいろとまわりたいが、どうしても物価の安い国にしか行けない。コソボは物価が安い、ただその理由だけでこの国に来ることにしたらしい。

「そういえば、もう１人日本人の男がこの宿に泊まっているのよ」

その後、屋上にあるバルコニーでタバコを吸っていると、その日本人の男はやってきた。彼はヒロ君という34歳の男で、２年間イギリスのロンドンに住んでいて、帰国の途中に旅をしているのだそうだ。夕食を一緒に食べる約束をして、その場は別れた。

優しいコソボの人々

俺は帰国後、ヨーロッパをまわっている女性にコソボに行くことを勧めた。その後、彼女からお礼のメールがきた。

『こんな素晴らしい国を紹介してくれてありがとう』

彼女によると、物価が安い上に、人が優しいのが素晴らしかったという。地図を見ながら迷っていると、どこからともなくやってきた地元の人が助けてくれたり、全体的に住人が人懐っこいのだ。俺もカフェでコーヒーを飲んでいるときに、そこの主人が「コソボは好きか?」「どこを観光したのか?」と優しく話しかけてくれた。歴史的建造物の多いプリズレンは美しい街なので、自慢したくて仕方がないようだ。インドやモロッコなどの国では話しかけてくる人間は胡散臭い奴が多いが、ここでは皆親切である。治安もよく、夜遅くまで人で賑わっている。

プリズレンで一番有名という街の東にある城塞に登ることにした。この城塞は街のどこからでも見ることができるので、登れば街を一望することができるはずだ。ぜひともこの美しい街を眺めてみたい。

川沿いにはレストランやカフェが並び、観光客がくつろいでいてのどかだ。その一角から坂道を上がる。登り始めて5分で方向がわからなくなる。標識がないのである。すると、ガラの悪そうな男２人が民家の入口にいて言う。

「どうしたんだ？　要塞の行き方を迷っているんだろう？」

俺は頷くと、男は言った。

街の中に川が流れている

「迷う観光客は多いんだよ」

そして丁寧に行き方を教えてくれる。俺が礼を言うと、

「プリズレンを楽しんでね」

と返ってくる。なんと親切なのだろうか。世界中、観光客が大勢集まる場所には騙そうとする人間が集まるものと決まっているが、ここはそうではない。だが、観光地として認知が進んでいった場合、10年後、いや5年後には変わってしまうかもしれない。そう思うと、勝手なものだが、このままの状態でずっといてくれたらいいのにと思う。

もう少しで城塞に着きそうだ。すると眺めのよさそうな休憩茶屋があり、白人が何人かくつろいでいる。その近く

賛美歌を歌う少女たち

には壊れたままのセルビア正教会がある。吸い寄せられるように入っていくと催し物を行なっていて、地元の人が「日本人か？　見学していきなよ」と言ってくれる。

教会内に入るが屋根はなくなったままになっており、悲惨な状況である。紛争前はセルビア正教会がたくさんあり、信者が祈りを捧げていたが、それは壊されて今も修復されていない。逆に、この地で大多数になったアルバニア人のモスクはたくさんあり、時間になるとコーランも聞こえてくる。

ちょうど女の子たちがセルビアの民族衣装を着て歌っている。歌詞はわからないが、非常に心地の良い歌である。壊れたままの教会でセルビア人たちの歌を聴いていると、今なお迫害されている彼らに同情してしまう。

そこから城塞にあがる。下からだと寄り道せずに20分ほどだが、足に自信のない人はキツイかもしれない。聞くところによるとこの城塞はオスマン朝時代に建てられたようである。それにしても眺めがよくて登った甲斐がある。美しい街を見ながらしばしボーッとしてしまう。もしプリズレンに行くことがあったらぜひ登ってほしい。

コソボとアルバニアの関係

15時を過ぎたあたりから激しい雷雨になった。それは東南アジアのスコールのように屋根を貫くような勢いで、同時に気温も下がってきた。

雨は３時間も降り続け、上がった頃には外は薄暗くなってきた。

ヒロ君と晩飯を食べに行くことにした。雨が上がったばかりの土曜日、地元の若者が大勢出てきた。イスラム教の影響なのだろうが、男の集団ばかりである。それでいて酒を飲んで盛り上がるわけでもなくウロウロと歩いている。

レストランに入って、ビールや肉料理を注文する。すると、25歳ぐらいのスタッフ２人が笑顔を浮かべながらやってきた。どうやら、彼らは日本のゲームが好きで、昔流行っていたサッカー・ゲームに出てくる日本語が知りたいのだ

美しい街である

という。「一体、この言葉はどんな意味なのか？」と聞きにきたのだ。彼らは仕事そっちのけで、その「日本語」を繰り返しているが、どれだけ努力しても、日本語には聞こえない。俺たちにはわからないというと、残念そうな顔をした。

ヒロ君と旅人同士の話で盛り上がる。俺もプリシュティナで大学生に注意されたが、この国では戦争の話はタブーになっているようだ。

プリズレンはいい街である。鬱陶しい人は皆無で、失業率が高いのに治安は比較的よさそうだ。コソボの滞在期間は短かったが、この国は常に動いていると感じる。正直言って、『こんなに街が平和で人が親切と思っていなかった』というのが感想である。

コソボが独立宣言をしてすぐに承認をしたアルバニアだが、コソボの人のほとんどがアルバニアとの併合に反対している。街の人と話すと、不思議なことにバカにしたように言う。

「アルバニア人は嫌いで、アルバニアは山しかない田舎だ」

彼らも民族的には同じアルバニア人なのだが、コソボの人はアルバニアに住むアルバニア人とは違うと思っているようである。他の国でもこのようなことはあるが、つまり「自分たちのほうが上なんだ」と誇示したいのだろうか。その裏には、劣等感や嫉妬があるのだろう。

このあたりの心情を理解することは旅行者には難しい。

この国はこの先どうなっていくのだろうか。注目していきたいと思っている。

第6章
北と南で何が違うのか
『北キプロス・トルコ共和国』

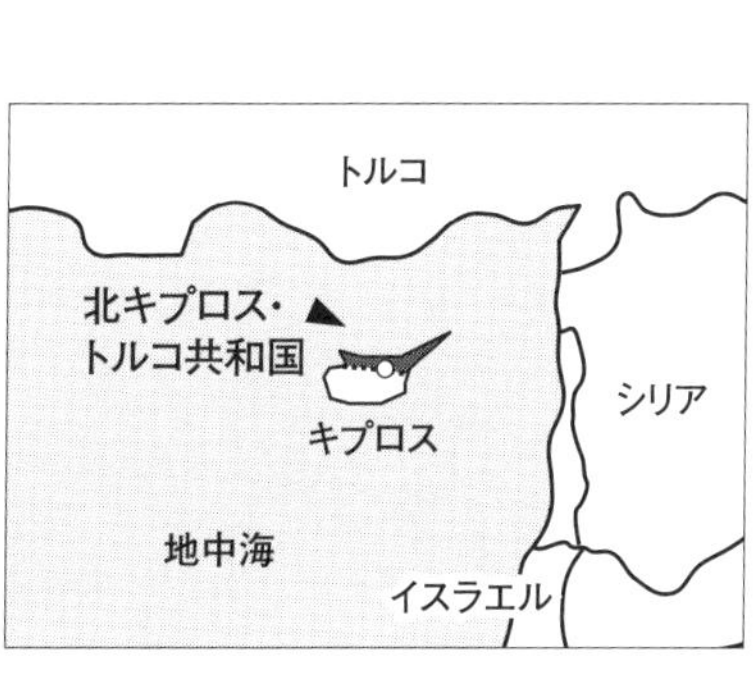

面積：3,355km^2
人口：約31.4万人（2014年）
首都：ニコシア（※○の場所）
通貨：トルコ・リラ
承認している国：トルコ

緩衝地帯『グリーン・ライン』

俺はなぜこんな不思議な道を進んでいるのだ。しっかり地図を見ながら歩いていれば問題なかったのだが、壁に向かって突き進んでいくうちに自分がどこを歩いているのかわからなくなった。地中海の激しい日差しが肌に突き刺さり、汗がどんどん出てくる。暑い、それにしても暑い。

俺は今、キプロス共和国（以下、キプロス）と、未承認国家の北キプロス・トルコ共和国（以下、北キプロス）を隔てている壁を見ている。この壁は、かつてあったベルリンの壁を彷彿させるように両国を隔てている。

壁によって国が分断されている地中海に浮かぶキプロス島。

地図を見ていると、ここになぜ島国が誕生し、どのような経緯で国が分断したのか興味が湧いてくる。首都のニコシアを歩き、北キプロスを見てみたい。そう思ってやってきたのだ。

キプロスは元々1つの国だったが南北に分断された。南側は主にキリスト教徒のギリシャ系の人が多く住み、北側にはイスラム教徒のトルコ系の人が多く住む。

キプロスと北キプロスの国境は、コンクリートの壁や鉄条網に囲まれていて、国連平和維持軍が駐留している緩衝地帯は『グリーン・ライン』と呼ばれる。それは１８０キロにわたって東西に延び、両国が首都とするニコシアの真ん中を通っている。

１９９０年代までは武力衝突もあったのだが、緊張緩和が進み、２００８年4月に南北の道を歩いて渡れるようになった。

ここは一体、どんなところなのか？　平和なのか、治安が悪いのか、楽しい場所なのか。そして、グリーン・ラインと呼ばれる場所はどんなふうになっているのか。

俺はキプロス行きを決めてから楽しみで仕方がなかった。

入国はラルナカ空港

ギリシャのアテネを発って、キプロス共和国のラルナカ国際空港に到着したのは21時を過ぎていた。空港は近代的で鬱陶しい奴は皆無である。さて、ここから首都のニコシアに移動しなければならないが、車で1時間半の距離があるようだ。

ニコシア行きのバスはあるのだが本数が少ないし、物価の高いキプロスではタクシーは50ユーロ以上もする。ちなみにキプロスの通貨はユーロである（北キプロスの通貨はトルコ・リラ）。一番いいのはサービス・タクシーと呼ばれているワゴンタイプの乗り物で、これは12

ユーロのようだ。ただ、遅い時間は営業をしていないので間に合うかが問題だ。

空港を出ると、南国特有の熱気が襲ってきた。サービス・タクシーのカウンターを見つけて尋ねると、最終に間に合うというので乗り込んだ。乗客は合計10人。そして車は暗い道を走行する。

キプロス島は先史時代から文明が栄えていたとされている。古い歴史を持つため多くの文化遺産や自然に恵まれており、観光資源は豊富である。

キプロス共和国の面積は9251平方キロメートルで、四国の約半分。人口は意外と少なく、84万7000人（キプロス共和国政府統計局、2014年末）である。

キプロス島は主に、イギリス、ドイツ、ロシアなどからの観光客が多く、日本人も意外と訪れているようだ。日本からの直行便はなく、エミレーツ航空でドバイを経由する便は往復11万円弱、カタール航空でドーハを経由する便は往復約12万円である。

車は街外れに停車した。これはあまりにひどい。俺が予約したホテルの前はバスターミナルになっている。そこに向かってくれればいいのだが、わざわざ街の外れに降ろし、タクシーでないと街の中心に行けないようにしているのだ。

車から降りると、タクシーの運転手が寄ってきた。ホテルまでの値段を聞くと20ユーロ。高すぎる。距離もそれほどないはずだ。

「10にまけてくれ」

そう言うと、怒ったように言う。

「いい加減にしろ。だったら別のタクシーで行け！」

他のタクシーと交渉するがどの運転手もまったく同じ態度である。仕方ないので地元の男とシェアで乗ることにする。タクシーに乗り込むと、地元の男と運転手はサッカーの話で盛り上がっている。今日は２０１６・欧州選手権の試合があるのである。ちなみにこの２人はギリシャ語で会話しているのだが、イギリスの植民地時代の影響もあるのか、キプロスの人は、ほぼ全員と言っていいほど英語が堪能だ。10分ほどで地元の男は降りていった。地元の人もいるのだからもう少し料金を安くしてもいいのではないかと思っていると、そんな不満が表情に出ていたのか、運転手は言う。

「生活していくのが大変なんだ。キプロスは物価がとにかく高いんだよ」


車はホテルに到着し、無事にチェックインすることができた。このホテルは立地がよく、この近辺では一番安いホテルである。それでも1泊４２００円ほどで、朝食はついていない。今回の旅の中では一番高い宿泊先である。

時刻は23時を回っているが人がとにかく多い。観光客や地元の人が大勢いて、店も開いている。この時間になってもかなり暑いが、治安も特に問題なさそうで、夜遊びも楽しそうなところだ。

北キプロスに向かって

翌日、北キプロスに向けて出発だ。とりあえず壁に向かって歩いていこう。日差しは強く、帽子を被らないと頭がぼんやりしてくる。

なぜキプロス島が南北に分断されたのかを簡単に説明すると、キプロスには昔からトルコ系とギリシャ系の人たちが共存して住んでいた。彼らは地理的、歴史的にかつての大国であるギリシャ、トルコ（オスマン・トルコ帝国）から移住してきたのだ。

1974年7月、キプロスとギリシャを併合させることに賛成する人たちがクーデターを起こした。キプロスにはギリシャ系の人が一番多く、どうせならばギリシャの領土になろうと思ったのだ。もし、そうなってしまったらトルコ系の人たちは弾圧されてしまう。そのような危機感が出始めた時、トルコ系住民の保護を目的にトルコ共和国の軍がキプロス島の北部を占拠したのだ。もしあなたが、トルコ系の立場だったらどうするだろうか？　自分が弾圧されるかもしれず、家族や今後の人生も心配だろう。そのような理由からキプロス全域からトルコ系住民が北部に移住してきた。逆に北部にいたギリシャ系住民は南に逃れてきた。その結果、北キプロスは、イスラム教のトルコ系住民が圧倒的多数になったのだ。

歴史の重みを感じさせる古い建物を見ながら狭い道を歩く。所々にあるカフェではコーヒーやジュースを飲んでいる観光客の姿も見える。白人の夫婦がカメラをぶら下げながら歩いている姿を見ると、どこにでもある平和な観光地といった感じである。街の中心地ではない場所にも観光客がチラホラいて、歴史的建造物を見学している。

俺は彼らを横目に見ながらクロス・ポイントを目指してグリーン・ライン沿いを歩く。ちなみにグリーン・ラインとは国連が地図上に「グリーン」でラインを引いたことから、そう呼ばれるようになったらしい。

グリーン・ラインはコンクリートの壁や有刺鉄線で区切られていて、監視塔があったり、溝が掘られたり地雷が置かれている場所もあるという。

パフォス門近くに行くと、白人女性が兵士になにやら聞いている。俺も近づいて行くが、どうやらここからは北キプロスには入れないらしく、道は障害物で通行止めにされている。しばらくフラついていると監視塔が見える。こっちを警戒するものと思いきや、監視の兵は2人で楽しそうに話し込んでいる。少し離れたところにいる女性兵士は携帯でなにやら話している。物々しい警備体制を敷いているかと思いきや、のんびりしているんだなと思ってしまう。戦争状態なら決してこんなことはしていられないはずだ。

それにしても、ニコシアの旧市街は面白い。ここは円形の城壁に囲まれていて、500年もの歴史が刻み込まれているのだ。周囲が約4・5キロの城壁にはスペード型に突き出した11個の砦がある。

ホテルでもらった地図を開いてみる。それによるとグリーン・ラインの北側は空白になっている。空白地帯なんてウキウキしてくるではないか。

メイン通りであるレドラ通りに入った。ここは観光客

右側にあるフェンスがグリーン・ライン。こちらがキプロス、緩衝地帯を挟んで向こう側に北キプロスがある。

ばかりで、かなり賑やかだ。ヨーロッパの街のメイン通りをイメージしてくれればいい。緊張感もなく、どうしてこんなに都会なの？　と思ってしまうほどツーリスト向けのカフェが並んでいる他、KFC、マクドナルド、スターバックスなど先進国ならどこでも見かけるラインナップである。

そこから数分でクロス・ポイントが見えてきた。かつては入国が面倒くさかったようだが、

近年、どんどん手続きが簡単になっているようだ。最近では、グリーン・ラインを往来することがキプロス観光の目玉の1つになっていると欧米人旅行者から聞いた。しかしこのような状況は、常に変わっていくものだ。無事に入国できるかが心配になる。そしてレドラ通りがあまりにも華やかだったので、北に入るとそれがどう変化するのか興味が湧いてくるではないか。

グリーン・ラインにはこんな看板がある

いざ、入国

パスポートを提出してキプロス側の出国審査を待つ。観光客の中には国境で記念撮影を試みる者もいるが、係官に注意されている。それでも注意される程度で、削除は求めない。

係官にパスポートを渡すと、特に質問もなく、パソコンになにやら入力して終了。それから緩衝地帯を歩く。といっても、なんの変哲もない普通の道である。そうこうするうちに、北キプロスの入国審査である。事前情報では必要事項を記入し、別紙にスタンプを押されるようだ。中には意地悪な係員がいてパスポートに押す人もいるらしい。

北キプロスは独立国として国際的に承認されていない。もしもパスポートに北キプロスの入国印が押されてしまうと、ギリシャへの入国ができなくなるのである。だが、心配は杞憂に終わる。ただパスポートを見せるだけで、一切の質問もなくあっけなく終了である。これほど簡単でいいのかと心配になるほどだった。

かつては国境に17時までに戻らないといけなかったようだが、現在は24時間オープンである。だが、北キプロスから入国し、キプロスに入って、そこから第3国に行くことはできないので注意が必要だ。

写真右側の国境検問所で入国手続をする

さて、北キプロスに入国したので、この国の説明をしよう。面積は鳥取県よりも少し小さく、人口は約31万人だ。1974年に南北が分断した際、北キプロスに住んでいたギリシャ系住民の大半がキプロスに逃れ、逆にキプロスに住んでいたトルコ系住民の多くがトルコ軍が支配する北に逃れた結果、棲み分けがされたというのはすでに述べた。

経済的に裕福でない北キプロスのトルコ系の人は、トルコやその他の欧州諸国に出稼ぎに出たり移住をした。その一方で、トルコ本国から多くのトルコ人が入ってきたために、トルコ系キプロス人の確かな人口を割り出すことは困難なようである。

北キプロスに入ると観光客向けのトルコ料理屋が並び、料理の写真が貼られている。それだけでも食欲をそそられるが、香辛料のいい香りが鼻孔をくすぐってくる。

北キプロスのバザール。いたって平和だ

まず俺は、やたらと人相と態度の悪い店番がいる両替所でユーロからトルコ・リラに両替をした。ちなみにATMも至る所にあるのでキャッシングでもいいかもしれない。

国境検問所の近くから歩き始め、観光客向けのお土産屋を覗いたり、バザールを見る。そしてセリミエ・ジャーミィの前に着いた。かつてここは聖ソフィア大聖堂と呼ばれていた。1570年にオスマン帝国の支配が及ぶと大聖堂はモスクに転換された。セリミエ・ジャーミィの近くには公設市場が建つ。中に入ってみるが、人は少ないし、活気はゼロである。他の観光客も俺に向かって「期待していたけど何もない場所だよ」と笑っている。

それにしても壁が面白い。

1991年8月、俺はベルリンの壁が崩壊して1年9ヵ月後のベルリンを訪れたことがあるが、その当時は壁が取り壊されている最中で、悲惨な歴史を刻み込んだ壁に神秘性を感じた。しかし、ここの壁はそれとは違う。「なんでまだ壁があるんだ?」と単純に思う。

俺はかなりの数の国境を見てきたが、通常、陸路の国境に検問所や障害物などはあるが、壁などで区切られてはいない。壁で両国を隔てているベルリンの壁や、ここの国境が特殊なのである。ベルリンの壁は西側陣営と、ソ連が率いる東側を遮断するためのもので、人や情報の行き来を防ごうとした東ドイツやソ連が行ったもので政治的な意図があったが、ここの壁は、過去の紛争時には必要だったかもしれないが、近年は両国の国民がそもそも行き来しているし、現在は外国人も簡単に入れるのだ。もう、こんな壁なんて壊しても問題なさそうである。

北側の旧市街はそれほど大きくはないが、銀行や店などは豊富にあり、貧しさは感じられない。モスクが多く、トルコ系が多いだけで特別に変わった印象はない。そういえば、出稼ぎのパキスタン人になぜかたくさん会った。彼らは道端で特に何をするわけでもなく座っていて、俺が前を通ると、目を見開き、こちらが不快になるくらい見つめてくる。

「どこの国の人ですか?」

５人グループの一番長身の男に話しかけてみた。

「パキスタンです。あなたは？」

「日本から来た観光客です。あなたたちはこっちで働いているの？」

「そうです。こっちで出稼ぎです」

パキスタン人の出稼ぎが多い北キプロスに対し、キプロスではフィリピン人が多く働いている。彼らはホテルスタッフやレストランのウエイター、メイドなどをやっていて、街を歩いていてもたくさん会うし、俺の宿泊先のホテルの清掃スタッフも全員フィリピン人だった。俺は毎日のようにチェーン店のチャイニーズ・フードを食べていたのだが、フィリピン人女性のグループの客が多かった。街にはフィリピン人専門の食料品店もあるのだ。インド人は店などを経営し、アフリカから来ている人はレストランで働いていた。キプロスは裕福なので外国人労働者が多いのは不思議ではないが、北にもパキスタン人などが働いているのには驚いた。

北キプロスの町並み

カフェでカプチーノを飲みながら通行人を観察していた

が、欧米からのツアー客が多い。未承認国家という割には、実質的には承認されているようであり、肩透かしを食らったような気分になってくる。「こんなになにもない街なのかよ」というのが正直な感想である。

何のために北キプロスに来たのか。別の行き先を選択すればよかったかなと少し後悔する。今日はとりあえずキプロスに戻るが、ニコシアにはあと2日滞在する。当初の予定ではもう1日北キプロスを見て、最終日はキプロスの観光地に行こうと考えていたのだが、残り2日間、北に通うことにした。なにもないなら、どこまで何もないか見てみよう。

国境検問所に向かう。北側は簡単に終了。かかった時間は1分だ。そしてキプロスの検問所に歩いていく。

検問所の中には5人ほどいた。担当の女性はかなりフレンドリーな対応で言ってくる。

「顔がよく見えないから帽子を取って顔を見せて」

日差しが眩しくて深めに帽子を被っていたのだが、北側でもなにも咎められることはなかった。俺が笑顔を見せながら帽子を取ると、「OK」と笑顔だ。すると隣にいた若い男性係官が俺のことを呼び止める。

「日本人かい？　僕、日本のアニメが好きなんだよ」

しかし、俺にはそのアニメのキャラクターのことがわからない。俺が20代の頃は海外に出ると、車や電化製品などについていろいろと聞かれたものだが、最近はアニメやゲームについて質問されることが多い。

「ごめん、アニメのことはよくわからないんだ」

「そうか。昨夜、アニメの展示会をやっていたんだよ」

彼は嬉しそうに説明してくれる。アニメに興味のない俺にしてみたら、こんな話を振られても困るのだが、この若い係官は『僕が大好きなアニメを作っている憧れの日本人』と会話を楽しみたかったのだろう。だが、ここは国境検問所だぞ！

まあ、平和なことはいいことだ。

北と南、両国の過去

ギルネは、北キプロス北部の地中海に面した街である。日帰りで訪ねられるようなので行ってみることにした。

昨日と同じように国境を越え、旧市街の外れのバス停まで歩いた。やってきたバスにさっそく乗り込む。キプロスのバスは日本のそれと変わらないクーラーが効いている清潔なものだが、北キプロスのバスは違う。車内は汚いし、クーラーはなくて窓は開けっぱなしである。

多くの発展途上国でお目にかかる代物である。

バスは生暖かい空気を車内に運びながら走行する。乗客は地元の人々がほとんどである。大多数がトルコ系だと思うが、外見だけではキプロスにいる人と見分けはつきにくい。数人に話しかけてみるが言葉は通じず、ニコニコ返されるだけである。車内で料金を徴収されるが、その男とは言葉で数字のやりとりができないので電卓を使って金額を出してくれる。

バスは猛スピードで走り始める。街らしきものはほとんど見えず、砂漠のような山が見える道を進む。岩山を背景に北キプロスの大きな国旗が翻り、その隣ではトルコ共和国の旗が仲良くはためいている。2つの旗は白と赤の色を反転させたようで、ほとんど同じデザインであり、スポーツ・チームのホーム用とビジター用ユニフォームの差があるぐらいにしか見えない。コソボ共和国でもアルバニアとコソボの国旗が隣り合っていたなと思い出す。

それにしても、宗教がイスラムとギリシャ正教、人種がトルコ系とギリシャ系とまったく違っている両国だが、混乱前は共生していたはずだ。その頃はどのような生活をしていたのだろうか。

キプロス島は歴史を辿れば元々はトルコ領であった。だが、1877年のロシア・トルコ戦争の終末段階に、トルコはイギリスと『キプロス島条約』という防衛同盟条約を結んだ。イギリスはトルコを防衛する見返りとしてキプロスに対して、司法、立法、行政の三権を行使する権限を得る。

そして、第一次世界大戦に勝利したイギリスは植民地としてキプロスを併合した。

１９６０年に独立した時は統一国家だったキプロス。

そもそもこの対立はイギリス統治時代の負の遺産ではないか。かつてパレスチナやインドでも、支配者である自分たちに民衆の不満がこないように民族やマイノリティを対立させてきた。支配者であるイギリス人はどこの支配地でも人数が少ない。もし民衆が一斉に奮起したら太刀打ちできるわけがないからだ。

ここキプロスでもそれは行われた。少数派のトルコ人に肩入れし、北部では行政上の正式な地名にトルコ語を採用するなどしてギリシャ系との対立を煽っていた。そして、自らは調停役として振る舞う。

キプロス内戦のきっかけは、トルコ系の人たちに与えられていた拒否権をギリシャ系のキプロス共和国大統領・マカリオス３世が剥奪したからである。マカリオス３世という人物に聞き覚えはなかったのだが、彼は政治家であると共にキプロス正教会首座主教という宗教家である。

１９５０年にキプロス正教会大主教に選出されたマカリオス３世。だが、その時期にイギリスによる支配への反発と、ギリシャへの併合を要求するエノシス運動が活発化した。

1955年にイギリスは、エノシス運動の指導者と思われていたマカリオス3世をセーシェル諸島へ追放し、事態の沈静化を狙うが、トルコ系住民も反英に傾いて事態がどんどん悪化していく。

追放されている最中、マカリオス3世はギリシャとの統合から独立へとシフトしていき、国際連合総会で独立などを訴えた。

1960年にイギリス連邦内の共和国としてキプロスが独立をした時、マカリオス3世はキプロスの初代大統領に選出された。

独立したばかりの時はトルコ系の副大統領と権限を分担してトルコ系とキプロス系の融和を図ってうまくやっていたのだが、1963年に憲法改正を実施し、トルコ系の権限を弱めようとしたのだ。これに猛反対したトルコ系と、さらなる権限強化を狙う右翼的なギリシャ系が衝突することになる。

この翌年には国際連合キプロス平和維持軍が派遣された。

1974年7月、マカリオス3世を危機が襲う。彼は非同盟中立路線をとっていたのだが、トルコ側はもちろん、ギリシャ側もマカリオス政権に不満を持っていた。

ギリシャに軍事政権が誕生し、これをバックにエノシス運動を進める地下組織が軍事クーデターを起こしたのだ。

『未承認国家』の歴史背景には必ずと言っていいほどアメリカや旧ソ連、ロシアの影がある。ここもそうである。ソ連に接近し始めたマカリオスを追い出したがっていたアメリカがクーデターを後押ししていたのだ。

クーデター軍は共産主義者の逮捕、新聞社の襲撃を行い、戦車を用いて大統領官邸を襲い、脱出しようとしていたマカリオスを専用車ごと粉々にした。

昼過ぎまでに首都ニコシアや港街のキレニアなどを制圧した。

そしてニコス・サンプソンという右翼新聞の社主が臨時大統領に就任して傀儡政権を樹立してしまった。

だが、なんと、信じられないことにマカリオスは生きていたのだ。

彼は半日後にラジオで肉声を流した。

マカリオスにはクーデター情報が事前に伝わっていたらしく、あらかじめ作らせておいた蝋人形を専用車に乗せていたのだ。なんだか映画のような話だが、マカリオスが〝生き返って〟ギリシャ軍は大パニックになった。

結局、マカリオスは大統領に復帰することになったのだが、トルコ系住民はこのクーデターがいずれキプロスの併合につながるとして警戒し、武装を開始。やがてトルコが『トルコ系住民の保護』を目的にキプロス北部を占領した。

1975年2月にトルコ系の副大統領のデンクタシュは『キプロス・トルコ連邦国』を宣言した。

マカリオスはこの問題を国連に提訴し、解決に向かって努力を続けたが、ギリシャとトルコの長い対立抗争の歴史があるので非常に難しい問題になっている。

トルコ系の人たちは、トルコ共和国に庇護されて、1975年に『キプロス連邦トルコ人共和国』を結成した。連邦国家として再編成を要求したのである。その後、国際連合の仲裁で何度も交渉が行われたが、事はうまく進まない。

キプロス政府側は、北がクーデターを起こす以前の体制を復活させることを求めていたが、北キプロスは、南北による対等な連邦国家の樹立を望んでいた。

進まない話し合いが続き、北キプロスは行動に移す。

1993年11月15日に北キプロスは独立宣言する。

2004年4月に国連が仲介に入り再統合案を出し、南北同時に住民投票を実施した。だが、南側（キプロス）の住民は猛反対して否決された。そうなると北に肩入れする空気が自然とできあがってしまう。そしてEUが北キプロスに経済支援を始めたのだ。直接通商の解禁を発表して、国際社会に復帰する動きが起こった。

なぜ南（キプロス）は再統合案に猛反対したのだろうか？　ちなみにギリシャ系のキプロ

ス市民の78・5%が反対し、北のトルコ系は61・5%が賛成であった。

調停案を簡単に列挙すると、

1・南（キプロス）から北キプロスに帰還するギリシャ系の住民の数を制限する
2・北キプロスではギリシャ系の住民の土地所有を制限する
3・人口比があるにも関わらず、国会の議席数はギリシャ系とトルコ系を同数にすること
4・トルコ軍の7年間の駐留を認める

このように北キプロスに有利なものだったのだ。

キプロス紛争をまとめて書いたが、1974年以来、このような経緯でキプロス島は分断されたままになっている。

両国の経済格差だが、分裂直後は重要な港や観光地がある北キプロスが優位に立っていたが、国際社会から孤立した結果、貿易が衰退してしまった。

一方、キプロスはタックスヘイブンという、外国資本と外貨獲得のために、意図的に税金を優遇して、企業や富裕層の資産を誘致する制度をとっているため、どんどん発展してきた。

キプロスの観光客の多さ、インフラ、物価の高さ、出稼ぎ労働者の多さを見ればどちらが潤っ

ているかは一目瞭然である。

現在、キプロス共和国だけがEUに加盟することになり、南北差はますます広がるだろう。

リゾート地ギルネ

出発から1時間でギルネに到着した。港近くの人通りがいない場所では7、8匹の野犬が、コンクリートのビルの日陰を見つけて昼寝をしている。それにしても大きな犬である。その国が発展しているかどうかは街の野良犬率を見ればわかる。日本も戦後というか、1970年代初頭までは東京にも野良犬がいた。俺は犬が苦手で、世界中に野良犬がいなければいいと切に祈っているが、それだからこそ、各国の野良犬情報には敏感になっているのだ。住宅や公園の近くにこんなデカい野良犬がたくさんいるとは、危ないではないか。特に夜道は危険であるに違いない。この光景を見た瞬間、「北キプロスはまだ未発展なのだ」と思ってしまう。ちなみにキプロスでは1匹も見ることはなかった。飼い犬は多かったが。

野良犬の話で熱くなってしまったが、キレニア地区の首府であるギルネは旧港と城塞で有名らしく、北キプロスで最もトルコ人に人気のあるリゾート地である。

紀元前15世紀頃から都市国家を形成してきたフェニキア時代より商港があり、古代ローマ時代には海洋交易の要衝であった歴史豊かな場所なのである。

かつてこの街はギリシャ系の人が多かったが、現在ではほとんどがトルコ系の人々で占められている。

俺は城が好きで、日本国内はおろか海外の城にも目がない。自然と足が向く。

ギルネ城は９世紀のビザンティン時代にアラブ勢力に対する防御のために内城塞の建築がされ、11世紀末からは十字軍が現在の原形を築き始めたらしい。

それにしても城は風光明媚な場所にある。日本にある歴史的な城は、多くの城主や統治者に引き継がれてきたが、ギルネ城も同様で過去にビザンティン、十字軍、ヴェネツィア共和国、オスマン帝国や大英帝国などに利用されてきた。

港の方から石の階段を上って入場料を払う。観光客はまばらだが彼らは金髪でイギリス訛りの英語を話している。城の入口は傾斜のある石畳になっている。

ギルネ城の城壁。その上に見た目がそっくりな北キプロスとトルコ共和国の旗がある

あまり期待はしていなかったのだが素晴らしい。城壁

内には古代ローマの柱頭を使って12世紀に建てられた聖堂がある。城の四隅には巨大な円柱型の塔があり、これはヴェネツィア共和国時代に造られたものであるらしい。

城壁に囲まれた内側は広い中庭になっており、そこには特に目立つ建造物はなく広々としている。観光客が少ない観光地はノンビリしていいものだ。俺はベンチに腰を下してジュースを飲んだ。

城を後にした俺は港に降りてみた。そこはヨット・ハーバーになっており、使用人のような男がヨットを磨いている。この一帯は綺麗で洒落たバーやレストランが並んでいる。物価はキプロスに比べると安そうだ。観光客は少なかったが、クルージングをやっているらしく旅行会社の人が声をかけてくる。

瀟洒な雰囲気のヨット・ハーバー

フェニキア人が支配していた9世紀頃、ギルネの港はかなり栄えていたというが、その面影はもう残っていない。だが、あまり見どころの多くない北キプロスにおいて、美しい城壁や港は国外にもっとアピールしていいかもしれない。

キプロス人の日本語

俺が泊まっているホテルに30歳ぐらいのキプロス人の女性が働いていた。いつも受付にいるのだが、最初に俺を見た時から彼女は日本語で話しかけてきた。話を聞くと、彼女はずっと日本に興味があって勉強を続けているのだそうだ。日本人の客が来れば練習になるから積極的に話しかけてくるのだ。

彼女の日本語力は高い方なのだが、難しい話はできない。そのため重要な話をする時は英語の方が楽なのだが、彼女はあくまで日本語で通そうとする。

気になるのは俺が受付を通り、目が合うたびに、

「大丈夫？」

と問いかけてくることだ。

「え、なにがですが？」

「問題ないですか？」

「大丈夫です」

「なにかあったら私に相談してくださいね」

親切な人である。このホテルのスタッフは非常にレベルが高いのだが、こんなふうに気に

かけてくれるのは嬉しいものだ。

ところが、どんな状況下でも、例えば、俺が朝食を食べに行く時、出かける時、汗だくで戻った時、用事があって受付に行く時、いつでも、

「大丈夫?」

なのである。

彼女の「大丈夫?」には『元気?』『問題ない?』『こんにちは』『こんばんは』の意味があるようだ。

政治的なことは地元の人に聞きにくいが、軽食屋やホテルの主人に北キプロスとキプロス共和国の関係について尋ねてみた。すると答えは『とにかく戦争や関係悪化は避けてほしい。このまま平和な状態がいい』というものだった。観光客の収入などに依存しているから当然であろう。『大丈夫』のスタッフにも尋ねてみると、彼女は日本語で答えた。

「ずっと平和よ、大丈夫」

その後、キプロス考古学博物館に向かったが、中は蒸し暑く、係員はやる気がなく、あまり面白くない。そもそも俺が考古学に興味がないのが悪いのだが。

ラルナカの繁華街で地元の女性に2回も声をかけられた。逆ナンパだったら嬉しいのだが、彼女たちはこう言ってきた。

「すいません。ちょっとお尋ねしたいのですが、どこの国の人ですか？」

「日本人です。なんでこんなことを聞くのですか？」

「仲間たちとあなたを遠くから見ていて、中国か、フィリピンか、それともその他の国か、話し合っていたのよ。それであまりにも気になったので」

　こんなことを言われたら苦笑いするしかない。確かに、今回の旅では常に歩き回っていたので肌は日焼けし、体重も落ち、得体の知れない人種に映ったのかもしれない。

　午後は再び北キプロスに入り、旧市街の外まで歩き回ったが、モスクが目立っていたことぐらいしか特筆するものはなく、商店などをブラブラして終わった。

　3日間、歩き回ったがとにかく平和でなにもない国であった。少し気落ちするがやって来て自分の目で確かめないとわからないことなので、それはそれで良かったと思う。

　俺は北キプロスを出国する前に手持ちのトルコ・リラをどうにかしないといけないと思った。使い切るしかないと思い、ビール、ジュース、タバコなどを購入した。どれもキプロス側で買うよりも安い。

　俺がゲートから出ようとすると、両替屋の若い男と目があった。初日、この男の店で両替をしたのだが、不良上がりのようでガラは悪いし、態度も最悪だった。この男は昨日も俺の顔を見ると威圧するように「両替しないのか？」と尋ねてきたのだ。頭に来たのでほとんど相手にしなかったのだが、今日も男は近づいてきた。また両替と言われると思ったが、こう言ってきた。

「日本に帰るのか？」

「うん、またいつかこの国に来る日があると思うよ」

「そうか、また来ればいい。その頃はこの国に観光客がもっと来ていると思うね」

話せば悪い奴ではなさそうだ。更に男は言う。

「日本についてはよくわからないんだけど、なんでもいいから1つ日本語を教えてくれよ」

このようなことは世界中で経験している。

「どんな意味の言葉を教えてほしい？」

「なんでもいいよ」

俺は頷いて、大きく口を開けて男の顔を見ながら言った。

「大丈夫？」

おわりに

未承認国家に行って、見てきた。

帰国した直後は、どこの国にも二度と行くことはないだろうと思ったのだが、原稿を書き、その国の歴史などを探っているうちに再び興味が湧いてきて、また訪れたいと思うようになった。

5年後、10年後にこれらの国々を再訪したらどうなっているのだろうか？

入国できなくなっているかもしれないし、国際的に広く承認されているかもしれないし、はたまた国そのものがなくなっているかもしれない。いずれにしろ、今回、行くことができて非常に有意義だったと思っている。

この本の執筆が終わる頃、『とうもろこしの島』というジョージア映画が上映されていたので観にいってきた。

アブハジアとジョージアの戦争中、昔からの伝統で、川の中州でとうもろこしを育てる老人と、戦争で両親を亡くした孫娘の話なのだが、セリフはかなり少ないものの興味深い作品だった。

未承認国家を取り上げた映画などないと思っていたので、アブハジアに行ってきた身としては、上映してくれてありがとうという気持ちになってしまった。

未承認国家はこの後、どうなるだろう？　残念なことに、このままの状態を保つことは難しいことだ。なぜなら、そもそも未承認国家は違法な存在なのである。存在していないことが国際社会では普通のことなのである。

今回行った5ヵ国の中ではコソボが未承認から『承認国家』に昇格する可能性が大だが、その他はかなり困難な道であろう。

未承認国家には法的親国がある。今回の場合に例えると、クリミア共和国はウクライナ、沿ドニエストル・モルドバ共和国はモルドバ、アブハジア共和国はジョージア、コソボ共和国はセルビア、北キプロス・トルコ共和国はキプロス共和国といった具合だが、もしもこの法的親国が強大だった場合、未承認国家の成立は不可能だったはずだ。中国のチベット、ウイグル問題のように、簡単に鎮圧されてしまうからだ。法的親国が財政的、政治的、民族問題などで揺れて、バタバタしているので、未承認国家ができてしまったのだ。あと、忘れてはいけないのはパトロンの問題で、小さい組織がそれより何倍も強い敵と戦う場合は、このパトロンが必須である。

ここにも米ソ冷戦の続きがあるのだ。

クリミアはロシア、沿ドニエストルもロシア、アブハジアもまたロシア、コソボはアメリカやEU主要国、北キプロスはトルコ。このようなパトロンの存在や、歴史背景、民族問題など、それぞれが複雑な問題を抱えている。

俺は旅行作家で、エンタメ旅行記を常に目指している。今回取り上げる題材は難しかったが、なるべく簡潔に、わかりやすく書いたつもりだ。人によってはその国の成り立ちや置かれている状況に俺とはちがう感想を抱く人もいるだろう。そういう人は機会があれば、ぜひ、その国に足を運んで、自分の目で見てきてほしい。

この本をきっかけに、ほとんど知られていない未承認国家に興味を持ってくれたら著者として幸いである。

２０１７年３月　嵐よういち

著者略歴
嵐ようういち
1969年生まれ。東京都杉並区出身。独身。
20歳からイギリス、アメリカと留学（遊学？）して、その後、面白い写真を求めて海外を放浪する。80ヶ国以上を渡り歩く。
特に好きな地域は南米。
著書に『海外ブラックロード―危険度倍増版―』『海外ブラックロード―最狂バックパッカー版―』『海外ブラックマップ』『南米ブラックロード』『アフリカ・ブラックロード』『海外ブラックロード―スラム街潜入編―』『海外ブラックロード―南米地獄の指令編―』『世界中の「危険な街」に行ってきました』『世界「誰も行かない場所」だけ紀行』（ともに小社）などがある。

哲学――楽しくなけりゃ、人生じゃない。

著者ホームページは、http://www.blackroad.net
メールアドレスは、arashi@blackroad.net

【主要参考文献】
『最後のロシア皇帝』（植田樹／ちくま新書）、『図説　バルカンの歴史』（柴宣弘／河出書房新社）、『未承認国家と覇権なき世界』（廣瀬陽子／ＮＨＫ出版）、『強権と不安の超大国・ロシア』（廣瀬陽子／光文社新書）、在モルドバ日本国大使館：http://www.ua.emb-japan.go.jp/jpn/info_md/overview/4transnistria.html

未承認国家に行ってきた

平成29年4月20日第一刷

著　者　　嵐よういち

発行人　　山田有司

発行所　　株式会社　彩図社
東京都豊島区南大塚3-24-4
ＭＴビル　〒170-0005
TEL：03-5985-8213　FAX：03-5985-8224

印刷所　　シナノ印刷株式会社

URL：http://www.saiz.co.jp
https://twitter.com/saiz_sha

ISBN978-4-8013-0217-4 C0026